田令卷第二十一

諸田廣一步長二百四十步為畝畝百為頃

諸每年課種桑棗樹木以五等分戶第一等一百根

第二等八十根第三等六十根第四等四十根

第五等二十根各以桑棗雜木相半鄉土不宜

者任以所宜樹充內有孤老殘疾及女戶無

丁者不在此根其桑棗滋茂仍不得非理斫

諸官人百姓並不得將田宅捨施及賣易與寺觀

者錢物及田宅並沒官

諸田為水侵射不依舊流新出之地先給被侵之家

監修者——五味文彦／佐藤信／高埜利彦／宮地正人／吉田伸之

［カバー表写真］
冕冠と礼服（大袖）
（伊勢貞丈『装束着用之図』）

［カバー裏写真］
天皇号を用いていた亀甲銘の残闕
（「天寿国繡帳」部分）

［扉写真］
北宋天聖令
（明代写本，田令巻第21冒頭）

日本史リブレット 73

律令制とはなにか

Otsu Toru
大津 透

目次

①——律令制という考え方

律令制研究と意味

日本古代の七世紀から八世紀にかけてつくられた中央集権国家を律令国家といい、そのシステムを律令制という。六世紀末に久しぶりに中国を統一した隋《ずい》(五八一〜六一八)そして唐《とう》(六一八〜九〇七)は、精緻な官僚機構とその運用、州・県による地方統治と均田制《きんでんせい》・府兵制《ふへいせい》による民衆支配を特徴とする、秦《しん》・漢《かん》以来発達してきた古代中央集権国家の到達点ともいうべき高度なシステムを完成させた。それを定めた法典が刑法である律と行政法である令である。

七世紀には、隋に続いて中国を統一した唐が、高句麗《こうくり》(?〜六六八)を討ち百済《くだら》(四世紀半ば〜六六〇)を滅ぼすなど朝鮮三国や倭《わ》に大きな圧力をかけ、倭は国家の存亡の危機のなかで強力な中央集権国家をつくることを不可避の課題とした。このとき唐の律と令を模範としてそれを全面的に継受して国家の基本をつくったことに特色があり、律令国家といわれるのである。

日本古代史を研究する一つの中核が律令制の研究である。日本では九世紀に

▼『令義解』　養老令の官撰《かんせん》注釈書、一〇巻。右《う》大臣清原夏野《きよはらのなつの》を総裁とし、八二六(天長《てんちょう》三)年に編纂を開始し、八三三(同十)年に完成奏上し、翌年施行した。本書の引用する形で養老令は伝わるが、倉庫《そうこ》令・医疾《いしつ》令が欠けている。『新訂増補国史大系《こくしたいけい》』所収。

▼『令集解』　養老令の私撰《しせん》注釈書。古来の令の注釈書を集成した。惟宗直本《これむねのなおもと》の撰、現存するのは三五巻(うち三巻は別の本である)。「古記」「令釈《りょうしゃく》」「跡記《あとき》」「穴記《あなき》」「讃《さん》記《き》」などが引用される。『新訂増補国史大系』所収。

つくられた『令義解《りょうのぎげ》』▲『令集解《りょうのしゅうげ》』▲という注釈書の形で、令のほとんどが伝わったことによって、養老令《ようろうりょう》の大部分の条文が、しかも注釈までついて知られ、格《きゃく》や式《しき》も『類聚三代格《るいじゅうさんだいきゃく》』『延喜式《えんぎしき》』として大部分が伝わり、律令国家の細部の仕組みまで研究することができる。高校の日本史Bの教科書にも、律令制として官僚機構・班田収授《はんでんしゅうじゅ》制・租庸調《そようちょう》制など詳しい制度の説明がなされているので、四等官《しとうかん》制や班田額など面倒な暗記で無味乾燥だと感じた人も多いだろう。しかし律令制の説明はもっと大きい意味があるから詳しいのである。

一つには、養老律令は、七五七(天平宝字《てんぴょうほうじ》元)年に施行され、それ以降はあらたに律令はつくられなかったが、あるときに廃止されたわけではなく、ある意味で江戸《えど》時代までずっと生きていたともいえる。奈良時代のままではないが、中世・近世を通じて公家《くげ》を中心とする朝廷《ちょうてい》は生きていたし、ずっと存続した天皇制は、変化した部分も多いが律令制に基礎があるのはいうまでもない。武《ぶ》家《け》・幕府《ばくふ》においても、水戸黄門《みとこうもん》(中納言《ちゅうなごん》)、遠山左衛門尉《とおやまさえもんのじょう》など、天皇があたえる官職と位階は生きていた。また律令国家が規定した「日本」という枠組みは、その後の日本の歴史の発展の基礎となった。

日唐律令の比較

律令制研究といわれる、日本古代の制度史研究は、ただ制度の表面をなぞるのではない奥の深い方法論である。律令制が唐の律令を輸入した法であることを前提に研究が進められる。中国では、『唐律疏議《とうりつそぎ》』として唐律は全文が伝わったが、唐の令は早くに散逸したので、唐令を復原することが必要になる。仁井《にい》田陞《だのぼる》▲が『唐令拾遺《とうれいしゅうい》』で唐令条文の逸文を集め、以後今日まで唐令の復原が日本令を中心に進められてきた。それによって日本令を唐令と比較することで日本令の条文の意味を考えることが可能になるわけである。日唐の律令の比較研究はこの二〇年で進展し、さらに近年の北宋天聖令《ほくそうてんせいれい》▲の発見はさらにあらたな成果をもたらしている。その結果、日本律令制は唐のなにを輸入し、あるいは輸入しなかったか、どのように変更したかが、条文ごとに、さらに篇目ごとに詳しくわかってきた。日本律令制の特質をつかむことができたのだが、比較すると日本律令制は唐のそれとは大きく違っていて、変更したところが多く、実は日本の独自性が強いことが感じられてきた。つまり、日本律令制は、律令制的でないという逆説的な言い方も可能になる。

▼**仁井田陞**　一九〇四〜六六。東京大学法学部卒業、東京大学東洋文化研究所教授をつとめた中国法制史の大家。若くして『唐令拾遺』『唐宋法律文書の研究』『中国身分法史』の三部作を出版し、のちにはさらに新しい時代の法・慣習にも関心を広げた。

▼**北宋天聖令**　寧波《ニンポー》の天一閣《てんいつかく》に北宋天聖年間一〇二九年修定の令の明代《みんだい》写本が伝存することが一九九九(平成十一)年に発見された。田令《でんりょう》巻二十一以下一〇巻一二篇目を伝える(扉写真参照)。前半には唐令を修訂した宋代《そうだい》の現行法、後半に不用になった唐令条文を付している。

このことは坂本《さかもと》太郎《たろう》▲が、一九二〇年代に「郡司《ぐんじ》の非律令的性格」という有名な論文の題に示している。律令国家の地方支配の要《かなめ》となる郡司は、在地の豪族から採用され、官位相当がなく世襲・終身制であるなど、律令官僚制の原則からはずれているとして、のちに提起される在地首長制《ざいちしゅちょうせい》論へつながっていく郡司制の特色をあざやかに指摘したものである。もちろん郡司は、日本律令に規定された官職であるから、日本的な律令的なものだと反論することは可能であろう。しかし律令制が「非律令的」だという逆説が、律令制・律令国家のもつ、中国から輸入された律令法と、それ以前の固有な土俗的なあり方(固有法という)が組み合わさった複雑な性格をよく示している。日本古代史の制度史は、制度の表面だけを扱うのとは考え方が違い、そこから律令制以前の古いあり方も読みとることを可能にする研究方法である。

本書ではこうした方法を踏まえて、単に律令国家の制度の解説ではなく、日本の古代国家の支配の特色を、最新の研究の成果を踏まえてわかりやすく説明できればと考えている。

▼**坂本太郎**　一九〇一～八七。戦前から戦後にかけて東京大学文学部教授をつとめ、戦後混乱した国史学科の再建を支えた。六国史《りっこくし》など古代文献を対象に厳密な史料批判を展開し、実証的研究の基礎を築いた。文化勲章受章。『坂本太郎著作集』全一二巻がある。

②—律令の形成過程と東アジア世界

推古朝から大化改新へ

遣隋使《けんずいし》で隋に渡り、六一八年の隋から唐《とう》への交替を体験し、唐の勢いを目の当りにしてきた薬師恵日《くすしえにち》は、六二三年に新羅《しらぎ》の使いに従って帰国すると、二つのことを朝廷《ちょうてい》に奏上《そうじょう》した。一つは、現在唐に留学中の者は、すでに学業を修得したので帰国させるべきこと。二つは、「その大唐国は、法式備わり定まれるたから《（珍）》の国なり。常にかよう《（達）》べし」（『日本書紀《にほんしょき》』推古《すいこ》三十一年〈六二三〉七月条）。大唐帝国は、法律が整備された優れた国家である、使者を派遣して交流して、ならうべきだ、というものである。このときに唐の「法式」に注目していることが、のちに律令制を全面的に継受する始まりになった。薬師恵日は、六三〇年に犬《いぬ》上御田鍬《がみのみたすき》とともに第一回の遣唐使《けんとうし》として唐にふたたび渡り、みずから奏上を実行させている。ちなみに犬上御田鍬は、六一四年の第四回最後の遣隋使となって翌年帰国した人物であるが、すでに隋は滅亡に向かっていたのでいわば遣隋使をやりなおし、唐に渡ったと考えられる。

▼『日本書紀』の信憑性　『日本書紀』については、神代《じんだい》や古い時代の伝承には信憑性がないが、一般に六世紀末の推古《すいこ》朝くらいからはある程度信頼がおける。ただし大化改新の詔については、編纂時の現行法で書きなおされていて、もとの詔そのままではない。

　律令の成立過程を簡単にまとめておこう。『日本書紀』孝徳紀《こうとくき》には大化《たいか》二年(六四六)正月甲子朔《かっしのついたち》に大化改新《たいかのかいしん》の詔《みことのり》がだされ、各氏がもっている私有民を廃止し、京・畿内《きない》や郡《ぐん》をおき、戸籍・計帳《けいちょう》や班田収授法《はんでんしゅうじゅほう》をつくれ、とある。この改新の詔がはたして当時のそのままであるかについては、学界でいわゆる大化改新論争がある。詔の文章はのちの大宝《たいほう》律令(『日本書紀』編纂時の現行法)の条文をそのまま引用して修飾されていることがわかり、ここに述べられていることがすべて行なわれたとは考えられない。郡を設置したと書かれているが、藤《ふじ》原宮木簡《わらきゅうもっかん》により大宝令以前は評《ひょう》だったことが判明した。そこから大化改新は虚構であるとして、その存在自体を否定する説もある。しかし難波《なにわ》宮という都《みやこ》が当時つくられたことが発掘でわかり、逆に地方には評という、のちの郡のもとになる地方行政組織が孝徳天皇の大化年間(六四五〜六五〇)に全国的につくられたことも明らかになったので、中央集権国家をめざして改革が行なわれたことは事実として認めるべきだろう。

　もっともこのときに戸籍や計帳が実際につくられたとは考えられず、日本で最初の全国的戸籍は、庚午年籍《こうごねんじゃく》といって六七〇(天智《てんじ》九)年につくられ、さらに

●―平城京跡二条大路木簡

安房国安房郡公余郷長尾里　戸主大伴部忍麻呂
大伴部黒秦　鰒調陸斤　陸拾弐条
天平七年十月

●―藤原宮跡出土木簡

（右は大宝令以降、左は七〇〇〈文武四〉年）

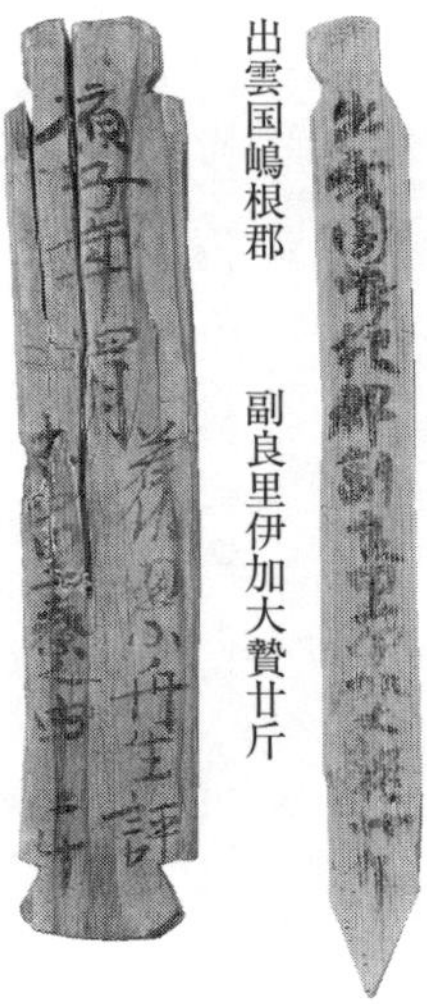

出雲国嶋根郡　副良里伊加大贄廿斤

庚子年四月　若佐国小丹生評
木ツ里秦人申二斗

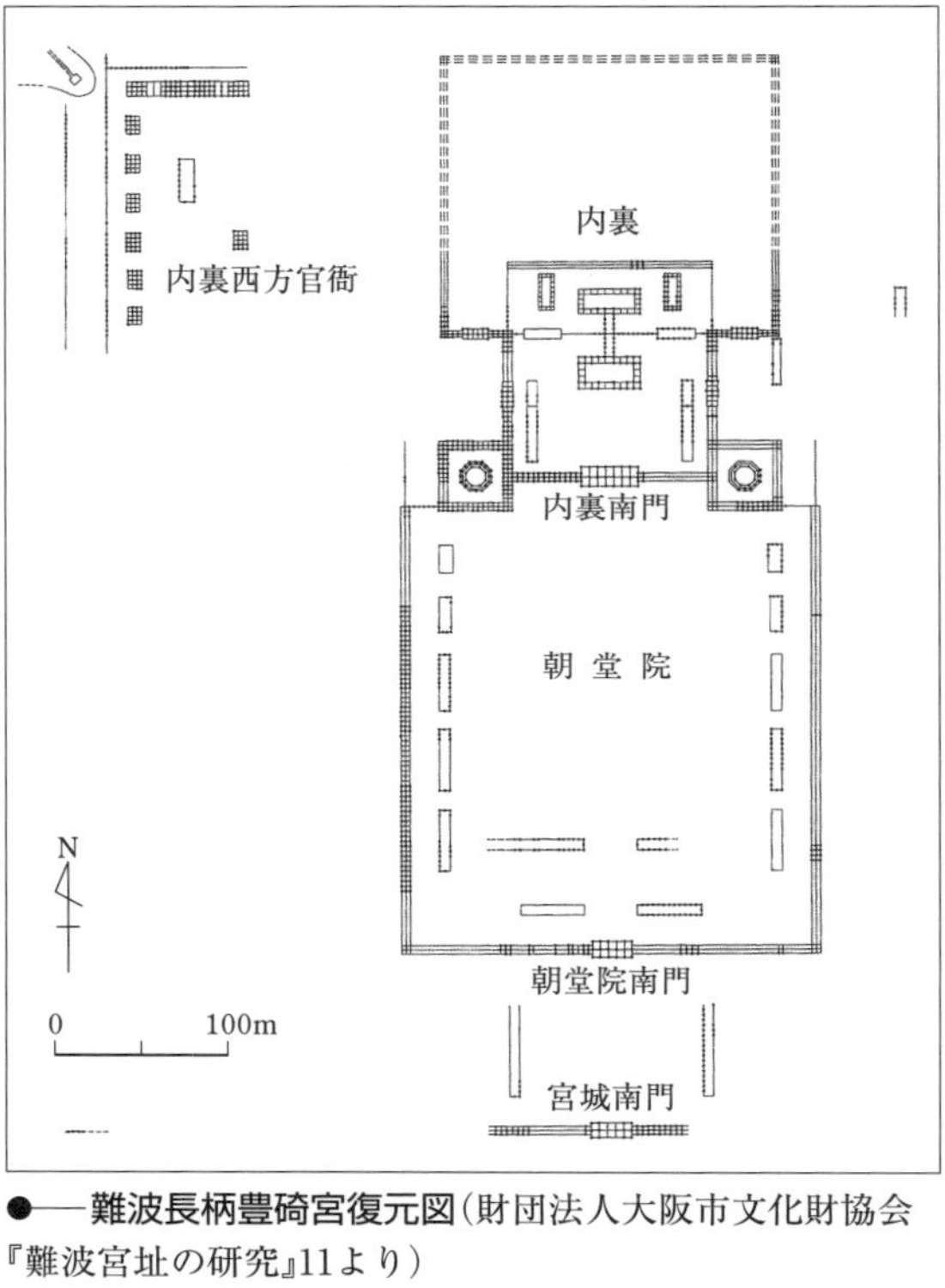

●―難波長柄豊碕宮復元図（財団法人大阪市文化財協会『難波宮址の研究』11より）

●──改新の詔

(大化)二年春正月甲子《かっし》の朔《ついたち》、賀正の礼畢《おわ》りて、即《すなわ》ち改新の詔《みことのり》を宣《のたま》ひて曰《のたまわ》く、

其《そ》の一に曰く、昔在《むかし》の天皇等の立てたまへる子代《こしろ》の民、処々《ところどころ》の屯倉《みやけ》、及《およ》び、別《こと》には臣《おみ》・連《むらじ》・伴造《とものみやつこ》・国造《くにのみやつこ》・村首《むらのおびと》の所有《たもて》る部曲《かきべ》の民、処々の田荘《たどころ》を罷《や》めよ。仍《よ》りて食封《じきふ》を大夫《まえつきみ》より以上に賜《たま》ふこと、各《おのおの》差有らむ。降《くだ》りて布帛《きぬ》を以て、官人・百姓に賜ふこと、差有らむ。……

其の二に曰く、初《はじ》めて京師《みさと》を修《おさ》め、畿内・国司《くにのみこともち》・郡司《こおりのみやつこ》・関塞《せきそこ》・斥候《うかみ》・防人《さきもり》・駅馬《はゆま》・伝馬《つたわりうま》を置き、鈴契《すずしるし》を造《つく》り、山河《やまかわ》を定めよ。……

其の三に曰く、初めて戸籍・計帳・班田収授の法を造れ。凡そ五十戸を里と為し、里毎に長《おさ》一人を置け。……

其の四に曰く、旧《もと》の賦役《えつき》を罷《や》めて、田の調《みつき》を行《おこな》へ。……別《こと》に戸別《へごと》の調を収《と》れ。……凡《およ》そ調の副物《そわりつもの》の塩と贄《にえ》とは、亦郷土《またくに》の出せるに随《したが》へ。……凡そ仕丁は、旧《もと》の三十戸毎《ごと》に一人せしを改めて、五十戸毎に一人を以て諸司に充《あ》てよ。五十戸を以て、仕丁一人が粮《かて》に充てよ。一戸に庸布《ちからしろのぬの》一丈二尺、庸米《ちからしろのこめ》五斗。凡そ采女《うねめ》は、郡《こおり》の少領より以上の姉妹、及び子女の形容端正《かおきらぎら》しき者を貢《たてまつ》れ。一百戸を以て、采女一人が粮に充てよ。……

(『日本書紀』)

●──新政府の政策

「改新の詔」の内容

(第１条)公地公民制の原則
- 天皇らのたてた子代《こしろ》の民と屯倉《みやけ》，豪族が所有する部曲《かきべ》の民(私有民)と田荘《たどころ》(私有地)の廃止
- 豪族には食封《じきふ》，布帛《ふはく》を支給

(第２条)中央集権的行政制度と軍事・交通制度の樹立
- 地方行政区画…京師《けいし》(京)の制定，畿内《きない》の範囲確定，国・郡(評)の設置
- 地方官制…国司《こくし》・郡司《ぐんじ》の任命
- 軍事施設…関塞《せきそこ》・斥候《うかみ》(北辺の守護兵，のろしをつかさどる人などの説あり)・防人《さきもり》の設置
- 交通制度…駅馬《はゆま》・伝馬《つたわりうま》の設置

(第３条)戸籍・計帳・班田制の制定
- 戸籍《こせき》・計帳《けいちょう》の作成，班田収授法《はんでんしゅうじゅほう》の制定
- 里《り》の設置…50戸１里，里長《りちょう》を任命
- 町段歩制…360歩《ぶ》＝１段《たん》，10段＝１町《ちょう》
- 租稲…段別の租稲(２束《そく》２把《わ》)

(第４条)新税制の施行
- 田の調，戸別の調，調副物《ちょうのそわりつもの》の徴収
- その他…兵士，仕丁《しちょう》，采女《うねめ》，仕丁・采女の庸《ちからしろ》

●—律令の制定

名　称	制定年・天皇		施行年・天皇		巻数	編　　者
近江令	668？ （天智７）	天智	671？ （天智10）	天智	22？	中臣鎌足《なかとみのかまたり》ら
飛鳥浄御原令	681？〜 （天武10）	天武	689 （持統３）	持統	令22	草壁《くさかべの》皇子《みこ》ら
大宝律令	701 （大宝元）	文武	律702 令701	文武	律６ 令11	刑部親王・藤原不比等ら
養老律令	718 （養老２）	元正《げんしょう》	757 （天平宝字元）	孝謙《こうけん》	律10 令10	藤原不比等ら

●—皇位継承と関係系図

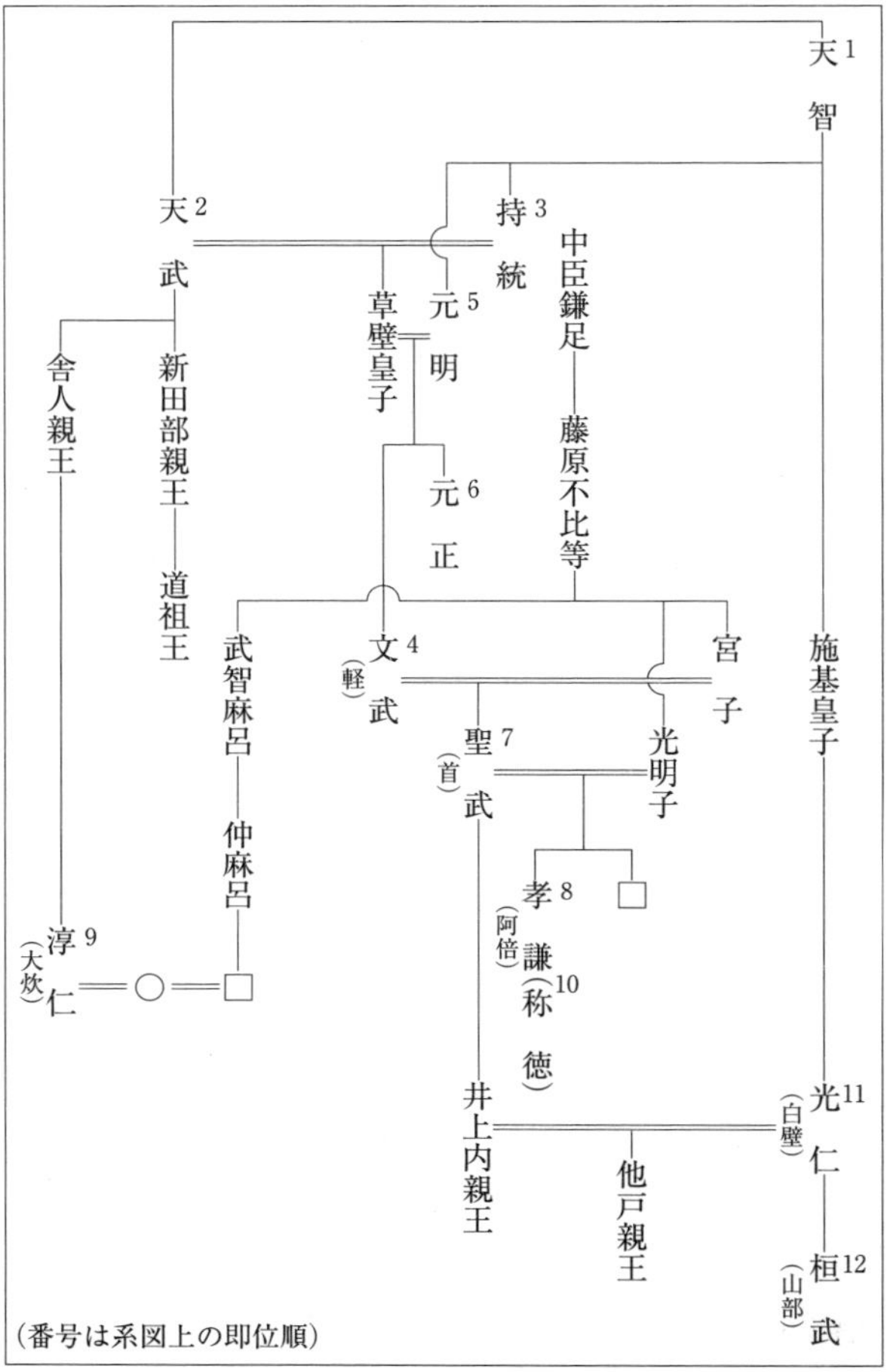

次の戸籍は六九〇(持統《じとう》四)年につくられた庚寅年籍《こういんねんじゃく》で、以後六年ごとに作成されていく。この例が示すように、律令制は実際には、七世紀後半の天智天皇、壬申《じんしん》の乱《らん》に勝利した天武《てんむ》天皇のときにつくられていった。『日本書紀』は、律令制の出発点を大化改新におく歴史観をとっているのである。

この大化改新の詔の内容は、第二条が京や郡(評)をおき、郡司《ぐんじ》を任命する規定であり、第三条が「初めて戸籍・計帳・班田収授の法を造れ」とあり、五〇戸ごとの里長《りちょう》をおくこと、第四条は、田の調《みつき》・戸別の調や、仕丁《しちょう》・采女《うねめ》とその庸《ちからしろ》などの徴収規定である。二官八省《にかんはっしょう》のような官僚機構の創出の規定はないので、そのことは日本古代における律令制導入の目的ないし重点がどこにあったかをよく示している。いわゆる公地公民《こうちこうみん》、地方の支配、民衆の把握がその意識の中心にある。中央政府の改革、官僚制の創出ももちろん律令制の重要な柱だが、大山誠一氏がいうように、畿外《きがい》の改革、つまり従来の国造《くにのみやつこ》制や部民《べみん》制にかわって、地方に評を設置して民衆を把握していくことが、第一の課題であったのだろう。中央の官僚制、および中央豪族《ごうぞく》(氏)の改革は、次の段階、実際には天武朝になって取り組まれたのである。

近江令と飛鳥浄御原令

日本ではじめて編纂された令としてあげられるのは、天智天皇による近江《おうみ》令《りょう》で、六六八(天智七)年または六七一(同十)年に成立したとされる。しかし、これは平安《へいあん》時代になって皇統が天武系から天智系にかわったために、天智天皇の時代に律令制の出発点をおこうとしたためで、「近江朝廷の令二十二巻」(弘《こう》仁《にん》格式序)とされるのは、同じ巻数の天武天皇の飛鳥浄御原令《あすかきよみはらりょう》のことをさしているらしい。『藤氏家伝《とうしかでん》』▲上に鎌足《かまたり》が「礼儀を撰述し、律令を刊定した」とあり、なんらかの法典編纂の動きがあったが完成しなかったらしい。天智朝には冠位《かんい》二十六階制や太政《だいじょう》大臣などの中央官制がつくられているのだが、近江令というのは、こうした単行法令の集成をさしていて、体系的法典としては令は編纂されなかったという青木和夫説が有力である。

本格的に律令編纂に着手したのは、天武天皇である。六八一(天武十)年に「今よりまた律令を定め法式を改めむと欲う」と詔をだす。実際に完成したのは天武天皇の死後で、その皇后で即位した持統天皇が六八九(持統三)年に「令一部二十二巻」を諸司に分かち賜い、施行された。翌年考課《こうか》と叙位《じょい》について「考仕《こうし》

▼『藤氏家伝』　藤原氏祖先の伝記。始祖鎌足伝(大織冠伝《たいしょくかんでん》)を上巻(貞慧伝《じょうえでん》を付す)、その孫武智麻《むちま》呂伝《ろでん》を下巻とする。上巻は藤原仲麻呂が七六〇～七六二(天平宝字四～五)年ごろ編纂したと推測される。『藤氏家伝　鎌足・貞慧・武智麻呂伝　注釈と研究』がある。

令《りょう》」によるとし、官人《かんじん》の任命が行なわれ、さらに「戸令《こりょう》」に基づいて六九〇年に完成した庚寅年籍は、全国的に人民を登録した戸籍であり、以後六年ごとに戸籍がつくられる。また、これに基づいて六九二年に行なわれた班田が最初の班田である。飛鳥浄御原令は、今日まったく残っていないのであるが、ほかに官人の叙位も、六八五(天武十四)年の位階制以後六年おきに行なわれることとあわせて、のちの大宝令へつながっていく起点となるものであった。

なお律令を定めるといっていたが、令だけがつくられたようで、体系的法典としては律は編纂されず、唐律をそのまま準用したのではないかと考えられる。唐律はきわめて精緻に組み上げられた刑法体系で、のちの大宝・養老律でも、ごく一部分を修正しただけだった。

大宝律令とその意義

大宝律令は、律六巻(一〇篇)、令一一巻(二八篇)からなり、七〇〇(文武《もんむ》四)年に令は完成し、七〇一(大宝元)年に律令撰定が完了し、「官名・位号を改制し」、翌年に「天下諸国に頒下」し施行された。刑部親王《おさかべしんのう》や藤原不比等《ふじわらのふひと》や唐文化に造詣の深い中・下級官人によって編纂され、帰化人《きかじん》が多く参加しているのが特色である。

このあと藤原不比等が養老律令、律一〇巻(一二篇)・令一〇巻(三〇篇)を編纂し、その孫の藤原仲麻呂《なかまろ》によって、七五七(天平宝字元)年に施行された。今日、律の一部(全体の約四分の一)と令の大部分が伝わっているが、それはいずれも養老律と養老令である。通説では七一八(養老二)年に制定されたが、不比等の死亡により施行されることなく蔵せられ、仲麻呂が祖父顕彰のために施行したので、不比等の私的編纂としての性格が強いとされる。大宝令については、その逸文が『令集解』に引かれる「古記《こき》」▲などによって知られるだけだが、養老令での修正は字句や名称の変更程度で、大きな変更ではないとされている(七一八年以降も編纂が続けられたとか修正には意義があったとする説もある)。

つまり大宝律令の制定と施行は、七世紀半ばから建設が進められてきた律令国家の完成を意味し、また以後長期にわたり、この律令が日本の国家体制を規定したという意味でも画期的だった。平安時代の九世紀になって「律令の興り、けだし大宝に始まる」と述べているのが、大宝律令のもつ歴史的意義をよく表

▼「古記」　大宝令の注釈書。作者不明。『令集解』ほかに引用されていて伝わる。七三八(天平十)年前後の成立とされ、当時の実情や慣行を用いて具体的な解釈をする特色がある。その注釈から大宝令条文が復原される。

現している。『続日本紀《しょくにほんぎ》』▲が、大宝元年正月元日の朝賀《ちょうが》の儀《ぎ》を記したあとで、「文物の儀、ここに備われり」と、『続日本紀』としてはめずらしく編者のコメントが付されて、高らかに宣言しているのは、律令国家が完成に達したことの自負であろう。

大宝律令の完成直後、七〇二(大宝二)年に大宝の遣唐使が派遣される。その大使である粟田真人《あわたのまひと》も律令の選定に参加した一人だった。これは大宝律令によってあらたに定めた国号《こくごう》「日本」を唐に承認してもらうことが大きな任務であった(なお、完成した大宝律令を唐にみせにいったとする説は無理だろう)。

七世紀後半の緊張した日唐関係

さて薬師恵日は、唐の法律を学ぶこと、唐につねに使者をかよわすことを提言していたが、前者の唐の律令は模倣したが、後者は必ずしもそうではなかった。六三〇(舒明《じょめい》二)年の第一回遣唐使のあと、大化改新政府は、六五三、六五四(白雉《はくち》四、五)年と続けて第二回、第三回の遣唐使を派遣する。しかし六五九(斉明《さいめい》五)年に派遣された遣唐使は、唐の高宗《こうそう》に謁見《えっけん》するが、翌年「海東の政《まつりごと》」

▼『続日本紀』　六国史《りっこくし》の一つ。文武《もんむ》天皇即位の六九七年から桓武《かんむ》天皇の七九一(延暦《えんりゃく》十)年までを記す。編纂過程は複雑で、前半二〇巻は菅野真道《すがののまみち》らが撰して簡略であり、後半二〇巻は藤原継縄《つぐただ》らの編纂で、七九七(延暦十六)年に完成・奏上された。『新訂増補国史《こくし》大系《たいけい》』所収。

●—遣唐使一覧

出発年	帰国年	航　路	おもな使節と随行・帰国した留学生・僧
①630	632	北路？	犬上御田鍬，薬師恵日，(帰国)旻
②653	654	北路？	吉士長丹《きしのながに》，高田根麻呂《ねまろ》，道昭《どうしょう》(留学僧)
③654	655	北路	高向玄理(唐で没)，河辺麻呂《かわべのまろ》
④659	661	北路	坂合部石布《さかいべのいわしき》，津守吉祥《つもりのきさ》，伊吉博徳《いきのはかとこ》
⑤665	667	北路	守大石《もりのおおいわ》(封禅に参加)
⑥669	？	？	河内鯨《かわちのくじら》(高句麗平定を祝賀)
⑦702	704〜707	南路	粟田真人，高橋笠間《たかはしのかさま》，山上憶良《やまのえのおくら》(国号日本の承認)
⑧717	718	南路？	多治比県守《たじひのあがたもり》，玄昉《げんほう》(留学僧)，吉備真備《きびのまきび》，阿倍仲麻呂《なかまろ》(漢籍・仏典の収集)
⑨733	734〜736	南路	多治比広成《ひろなり》，(帰国)玄昉・吉備真備
⑩746	(発遣中止)		石上乙麻呂《いそのかみのおとまろ》
⑪752	753・754	南路	藤原清河《きよかわ》，大伴古麻呂《おおとものこまろ》，吉備真備，鑑真《がんじん》来日(753)
⑫759	761	渤海路	高元度《こうげんど》(迎入唐大使)
⑬761	(発遣中止)		仲石伴《なかのいわとも》，石上宅嗣《やかつぐ》
⑬762	(発遣中止)		中臣鷹主《たかぬし》(送唐客使)
⑭777	778	南路	佐伯今毛人《さえきのいまえみし》，小野石根《おののいわね》(副使)
⑮779	781	南路	布勢清直《ふせのきよなお》(送唐客使)
⑯804	805・806	南路	藤原葛野麻呂《かどのまろ》，空海《くうかい》・最澄《さいちょう》(学問僧)，橘逸勢《たちばなのはやなり》(留学生)
⑰838	839・840	南路	藤原常嗣《つねつぐ》，小野篁《たかむら》(副使)，円仁《えんにん》(学問僧)
⑱894	(発遣中止)		菅原道真《すがわらのみちざね》，紀長谷雄《きのはせお》

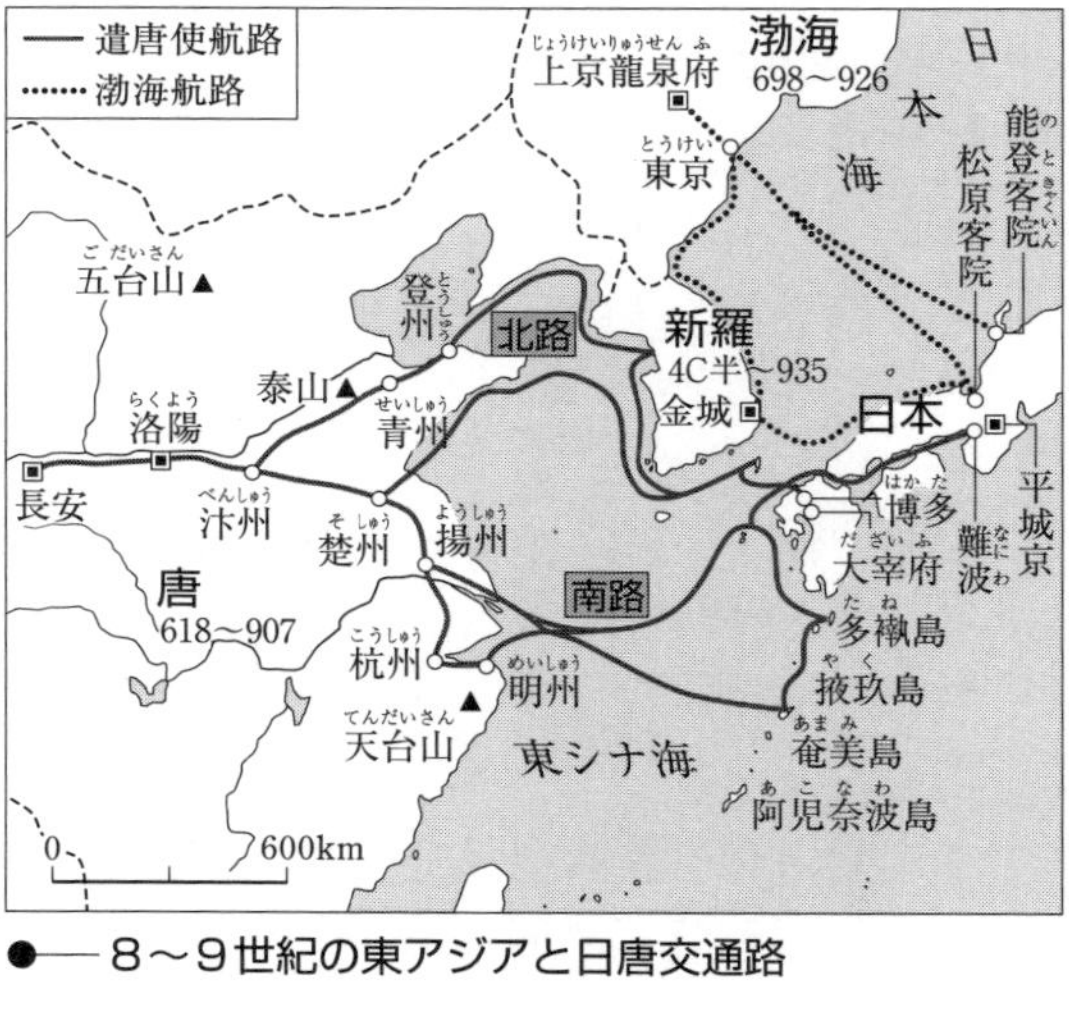

●—8〜9世紀の東アジアと日唐交通路

（唐と新羅が百済《くだら》を滅ぼすこと）があるとして二年間帰国が許されず、抑留された。そして百済滅亡ののち、百済再興の要請を受けた朝廷は、六六三（天智二）年に白村江《はくそんこう》で唐・新羅連合軍と戦い（白村江の戦い）、つまり唐と戦争状態になり、敗れた。六六五（天智四）年に唐の百済占領軍は、唐の使者として総勢二五四人からなる使節を倭《わ》に送り、これを受け入れ、一応の戦後処理を行ない、唐と和《わ》睦《ぼく》を結んだと考えられる。同年この使節を送り返す際に、第五次の遣唐使が派遣されるが、翌六六六（天智五）年正月に唐の高宗が行なった泰山《たいざん》（山東省《さんとう》）での封禅《ほうぜん》▲の儀式に、新羅・百済の使者とともに参加するためだったらしい。封禅の儀とは、中国古代に天子《てんし》が天下泰平《てんかたいへい》を天に報告するたいへんまれな儀式で、そこに敗戦国として参列させられたのである。さらに唐が六六八（天智七）年に高《こう》句麗《くり》を滅ぼすと翌年に第六次遣唐使を派遣するが、『新唐書《しんとうじょ》』▲によれば唐の高句麗平定を祝賀するのが目的だった。いつ唐の攻略を受けるかもしれないという緊張感のなかで、中央集権国家形成が急がれるが、これらの遣唐使は戦争とその戦後処理のために緊張のなかで派遣され、政治的交渉を任務としたので、文化の輸入どころではなかった。このあと七〇二（大宝二）年まで三〇年ほどのあ

▼**封禅**　皇帝が天と地に感謝する儀礼。天命を受けた帝王が泰山で天をまつるのが封、そのふもとで地をまつるのが禅である。周《しゅう》の成王《せいおう》が行なった伝説もあるが、秦の始皇帝《しこうてい》が行なったのが始まり。漢武帝《ぶてい》、後漢光武帝《こうぶてい》も行なった。

▼**『新唐書』**　唐王朝の歴史を記した正史《せいし》。北宋、欧陽脩《おうようしゅう》・宋祁《そうき》撰、一〇六〇（嘉祐《かゆう》五）年成立。本紀《ほんき》一〇巻、志《し》五〇巻、表《ひょう》一五巻、列伝《れつでん》一五〇巻の計二二五巻。中華書局標点本が有用。

いだ遣唐使は派遣されず、その再開にあたって国号を「日本」に変更して、あらたな出発をする。

このように律令を編纂した七世紀後半には、唐との使節の往来が少なかった、六七〇年代以降はまったくなかった。大宝律令の母法となった唐の高宗による六五一年成立の永徽《えいき》律令▲はすでに入手していたのだろう。また六八四（天武十三）年には新羅を経由して、唐にいた留学生《るがくしょう》の土師甥《はじのおい》・白猪宝然《しらいのほね》が帰国したが、彼らは大宝律令の編纂に参加していることが知られ、唐の法律を実地に学び知見をもたらしたと考えられる。しかし全体的な特色としては、人的往来の少ないなかで、唐の実際をみるというよりも書物を学び机のうえで考えることにより、唐の律令をもとに日本の律令を、古代国家をつくりあげたのである。

また大宝令以前、大化年間（六四五〜六五〇）から天智朝にかけての（天武朝と浄御原令については性格が不明な部分がある）国制《こくせい》については、唐代の律令制を模倣したというよりも、それ以前の中国（南北朝《なんぼくちょう》）の国制や朝鮮三国の国制を経由した影響が大きいことも指摘されている。こうした国制を前提として、そのうえに大宝令で全面的に唐令を継受したことに注意したい。

▼**永徽律令**　唐高宗の命で長孫《ちょうそん》無忌《むき》らが編纂し、六五一（永徽二）年に頒布された律令。律一二巻・令三〇巻のほか、留司格《りゅうしかく》・散頒《さんはん》格・式もつくられ、律令格式がそろった。大宝律令編纂にあたり母法となった。

③―律令制の性格

専制君主による法か

日本の律令法の特色は、継受法であること、隋《ずい》・唐《とう》の法律を輸入してそれに修正を加えた法であることにある。すなわち、日本社会の自立的な発展のなかから生まれてきた法ではない。したがって、日本の律令がたとえ中国と同じであっても、そこから日本と中国(唐)とが同じような国家や社会であるという結論を導くことは誤りである。そもそも中国と日本では社会の発展段階が異なり、律令は、中国で秦《しん》の統一(前二二一)からでも約九〇〇年かけて高度に完成された統治技術である。それをまだ一〇〇年か二〇〇年の国家の歴史しかない日本が輸入したわけで、法の内容が違ったり、同じ規定があっても必ずしも日本では実現していない部分があることに注意することが必要である。

中国の律令の基本的性格として、皇帝《こうてい》という専制君主《せんせいくんしゅ》による法であったことがあげられる。唐では、律令は皇帝がかわるたびにつくりなおされるのが原則で、太宗《たいそう》の貞観《じょうがん》律令、高宗《こうそう》の永徽《えいき》律令など、内容が変わらない場合が多いにしても、代替わりにあらたに律令が編集され、公布された。八世紀の開元《かいげん》の治《ち》で有名な玄宗《げんそう》皇帝は、七一五(開元三)年、七一九(同七)年、七三七(同二十五)年と三回も律令を編纂している。皇帝は新しい法の制定者であり、律令法の最終的な権威であり、自身は律令法に拘束されない超越した存在であった。名例律《めいれいりつ》18▲十悪反逆縁坐条《じゅうあくはんぎゃくえんざ》の疏《そ》(注釈)に「非常之断《ひじょうのだん》、人主之《じんしゅこれ》を専《もっぱ》らにす」つまり非常の場合には皇帝が自由に裁断できる、とある。精緻な律の刑罰・裁判体系がつくられているが、皇帝はそれを破ることができるのである。ただしいったん官僚にまかせたら、律令法によって運営するということである。

養老名例律にも同じ規定があり、また官人《かんじん》がおかした罪を「勅断《ちょくだん》」によって変更する規定もある(考課令《こうかりょう》64官人犯罪条)。しかし日本の天皇が、だから唐の皇帝と同じ専制君主であり、律令を超越した存在だったといえば誤りだろう。日本では飛鳥浄御原令《あすかきよみはらりょう》、大宝《たいほう》律令、養老《ようろう》律令と律令の編纂が三回で終ってしまったように、天皇の代替わりごとに律令を編纂するということはなかった。さらに天皇と律令の関係を考えさせる次の事件が興味深い。

七二四(神亀《じんき》元)年二月に聖武《しょうむ》天皇が即位する。皇太子妃に藤原光明子《ふじわらのこうみょうし》がな

▼**名例律**　律の第一篇目。名は刑名、例は法例の意味で、刑罰の名称や律全体を通ずる通則を集める。冒頭に笞《ち》・杖《じょう》・徒《ず》・流《る》・死《し》の五罪《ござい》(唐では五刑《ごけい》)を定め、特別な重罪である八虐《はちぎゃく》(唐律は十悪)を定める。

っているように、藤原氏にとって待望のときであった。その二日後、天皇は「正一位《しょういちい》藤原夫人《ふじん》を尊んで大夫人《だいふじん》と称せよ」と天皇の母となった藤原宮子《みやこ》に「大夫人」という称号をあたえる勅《ちょく》をだした。しかし、一カ月あまりした三月二十二日に、左《さ》大臣長屋王《ながやおう》以下太政官《だいじょうかん》が「勅がだされたが、公式令《くしきりょう》を調べると皇太《こうたい》夫人《ふじん》という号が規定されていて、勅によって大夫人と呼べば皇の字がつかない、令を守ろうとすると違勅になってしまう、伏してご判断を待ちます」とクレームをつけ、聖武天皇は「文字では皇太夫人、口頭では大御祖《おおみおや》と呼ぶことにし、先勅は撤回する」と詔した。この事件について五年後に長屋王は謀反《むほん》の疑いをかけられ自殺させられるので、皇親《こうしん》勢力の代表として藤原氏への嫌がらせだとする解釈もあるが、実際には藤原不比等《ふひと》の子どもたちも中納言《ちゅうなごん》・参議《さんぎ》として太政官にいたので、政治的対立を強調するのはあたらないだろう。ここで注目すべきは天皇が勅を撤回して律令に従ったという事実である。

中国であれば皇帝の勅は絶対であり律令を超越していたが、日本ではそうではなかった、天皇は律令に拘束される存在だったといえるだろう。ここから早川庄八▲が指摘しているように、律令法の運用の主体は太政官の議政官《ぎせいかん》に代表さ

▼早川庄八　一九三五〜九八。東京大学文学部卒業、名古屋大学教授をつとめた。関晃《せきあきら》の議論を継承して、天皇と太政官の関係の分析から畿内政権の構造を明快に説き、儀式や口頭伝達に注目して官僚制研究を深めた。

れる貴族《きぞく》層、伝統的氏族《しぞく》層にあったことが読みとれるだろう。

文明と未開

中国では、西晋《せいしん》(二六五〜三一六)の二六八年の泰始令《たいしりょう》に始まる、行政法である令の法体系は、唐にいたってほぼ完成される。七三七年の唐の開元二十五年令の篇目は、三三篇で三〇巻で構成される。そして日本の令は、次ページ表のように順番は入れ替え、微妙に名称を変更しているが、一つひとつの篇目をほぼ忠実に受け入れている。唐の皇帝祭祀《さいし》を規定する祠令《しりょう》を日本の祭祀である神《じん》祇令《ぎりょう》に変えたり、あらたに仏教と僧侶を国家が統制する僧尼令《そうにりょう》をつくったことが大きな変更である。なお刑法である律の篇目は日唐まったく同じである。

こうした律令編纂の第一の意義は、いうまでもなく唐の進んだ文明、高度な統治技術を輸入し、古代国家の構造をつくりあげたことである。唐と同じように、周辺諸国を諸蕃《しょばん》、異民族を夷狄《いてき》として天皇に従えさせる構造がつくられ、太政官と八省《はっしょう》以下の複雑な官僚機構と、正一位から少初位下《しょうそいげ》にいたる三〇階に分けられた位階《いかい》制による官僚制とその緻密な勤務評定と昇進のシステムが輸

●──論語木簡(部分、徳島市観音寺《かんのんじ》遺跡出土)

〔木簡〕「子曰、学而習時、不孤□乎、□自朋遠方来、亦時楽乎、人不□(知カ)亦不慍」
〔論語〕「子曰、学而時習之、不亦悦乎、有朋自遠方来、不亦楽乎、人不知而不慍、不亦君子乎」

●──日唐令篇目対照表

巻数	開元七年令(大唐六典＋天聖令)	養老令(篇目順)
1	官品上	官位
2	官品下	職員
3	三師三公台省職員	後宮職員
4	寺監職員	東宮職員
5	衛府職員	家令職員
6	東宮王府職員	神祇
7	州県鎮戍嶽瀆関津職員	僧尼
8	内外命婦職員	戸
9	祠	田
10	戸(＋学？)	賦役
11	選挙(＋封爵？)	学
12	考課(＋禄？)	選叙
13	宮衛	継嗣
14	軍防	考課
15	衣服	禄
16	儀制	宮衛
17	鹵簿上	軍防
18	鹵簿下(＋楽？)	儀制
19	公式上	衣服
20	公式下	営繕
21	田	公式
22	賦役	倉庫
23	倉庫	廐牧
24	廐牧	医疾
25	関市＋捕亡	仮寧
26	医疾＋仮寧	喪葬
27	獄官	関市
28	営繕	捕亡
29	喪葬	獄
30	雑	雑

入された。戸籍と計帳《けいちょう》による人民の把握と徴税のシステムもあげられる。大学の教科や学制全般を規定する学令《がくりょう》には、『春秋左氏伝《しゅんじゅうさしでん》』『礼記《らいき》』以下、『孝経《こうきょう》』『論語《ろんご》』にいたる教科書や注釈書が規定され、中国の儒教《じゅきょう》の学問を広く日本に普及させ、学問水準を高め、まさに文明化であった。地方から出土する木簡《もっかん》からたしかに儒教の古典が教科書として広まっていたことがわかる。また医療関係全般を定める医疾令《いしつりょう》は、当時最高の科学である唐の医療技術を日本に輸入し、日本に広めたのである。

ただしすべてが実現する訳ではない。戸令の家族法を定めた部分(24聴婚嫁《ちょうこんか》条~30嫁女棄妻《かじょきさい》条)に、結婚と離婚についての細かい規定がある。唐では結婚は、儒教の秩序(礼)の重要な部分で、婚約や女を迎えるなど一定の儀式に基づいて成立するものだった。しかし当時の日本には明確な婚姻儀礼は存在せず、結婚自体が流動的なもので、こうした規定は意味がなかったと考えられる。しかし日本の実態と大きく隔たり、機能していない空文にもかかわらず、規定を残したことは、実現しなくても理想として意味があったのだろう。これを吉田孝氏▲は「大宝律令の施行は建設すべき律令国家の青写真を提示したもの」で、「ある

▼吉田孝　一九三三~。東京大学文学部卒業、山梨大学、青山学院大学で教鞭をとった。未開な日本社会における中国文明の受容というスケールの大きな視点から、日唐律令制の緻密な比較を行ない、古代社会論・律令国家論を築いた。

べき目標」であると論じている。これを青写真論といっておく。

しかし他方では、律令制は国家を動かすために、徐々に実現されるのではなく、最初から機能することを前提とした側面がある。民衆支配や徴税など、律令国家の存立に不可欠な、国家支配のいわば下部構造をなす部分である。こうした部分では、唐制をそのまま輸入するというよりも、七世紀の日本の現状を受け継いで実際に機能させる方向性が強く、唐令に改変を加えた場合が多い。

律令国家論

律令制がその基礎とし、その一部を規定している当時の社会は、もっと土俗的で、未開なものであった。日本のそれまでの固有な土俗的な社会のうえにいわば接ぎ木をしたというか、律令制以前の古い氏族制のあり方を利用しながら日本独自な制度をつくっている部分がある。とくに地方での豪族《ごうぞく》の伝統的支配と、地方の国造《くにのみやつこ》による中央政府へのミツキなどの貢納は、律令国家の地方支配の基礎になった。

だから律令制といっても、それまでの古い固有な国制《こくせい》を制度化したという側面があり、そこに固有法を読みとることができる。井上光貞《いのうえみつさだ》▲は、律令国家は律令制と氏族制の二元的国家であるという指摘をしている。広い意味の律令制には、氏族制に代表される古いあり方を継承している部分が含まれるのである。吉田孝氏は、文化人類学などを参照してより広い視野からそれを文明と未開ととらえ、いまだ未開な社会が文明化されていく過程だと律令制の成立を意義づけ、実際には氏族制と律令制の二重構造であり、氏族制の未開な社会のうえに律令制の円錐《えんすい》がそびえ立っているイメージを描いている。したがって律令法のある部分には、当時実際に実現されないが、理想であり、国家の青写真としての側面があると論じている。

このような未開と文明という視点で、日唐の法制比較を行なっていくなかで、律令制を、日本の大宝・養老令条文に書いてある制度だけでなく、日本が模範として輸入しようとした唐の律令、さらにその背後にある理念を含めて考えようとする考え方がでてきた。すると本書で述べるように、天平《てんぴょう》年間(七二九〜七四九)に律令制が拡大・展開するとか、平安《へいあん》時代に「礼」の形で律令制が継受される、などの言い方が可能になる。もしも律令制を日本の律令条文に書かれ

▼**井上光貞**　一九一七〜八三。東京大学教養学部助教授・文学部教授をつとめ、戦後の日本古代史発展の基礎を築いた。専門は大化前代を中心とする国家史と古代仏教史だが、晩年には律令に関心を移した。『井上光貞著作集』全一一巻がある。

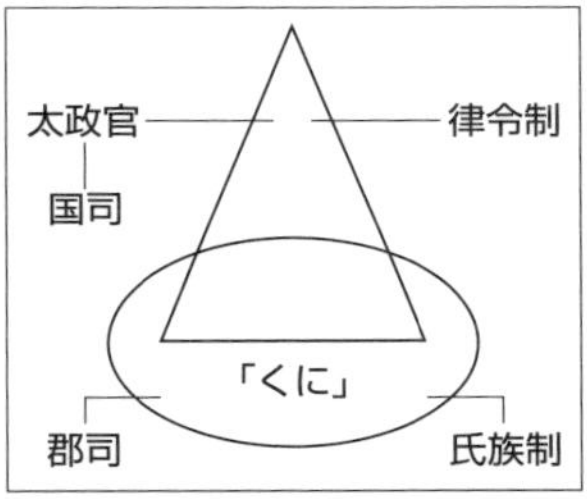

●──律令国家の二重構造(吉田孝『古代国家の歩み』より)

たものに限定するなら、養老律令を最後に日本ではあらたに律令は編纂されなかったのだから、その後は展開するはずもなく崩壊するとしかいいようがない。かつて八世紀中葉以降、土地の私有を認めることにより、公地公民制は、すなわち律令制は崩壊するといわれたのであるが、現在では、天平年間はむしろ律令制が展開し社会に浸透していった段階だとする考え方が有力になっている。

④—民衆支配と税制——律令制の構造(1)

律令法導入の意味

律令制というと官僚制・文書《もんじょ》行政と戸籍・計帳《けいちょう》・班田収授《はんでんしゅうじゅ》制・租庸調《そようちょう》が代名詞である。前者が国家機構・システムの整備であり、後者はいわゆる公地公《こうちこう》民《みん》制と呼ばれる民衆把握・再生産・徴税のシステムの構築である。もちろん両者とも重要で国家に欠かせない部分だが、あえていえば後者のシステムの構築のほうが律令制継受にあたって重視された。

そのことは六四六(大化《たいか》二)年の大化改新《たいかのかいしん》の詔《みことのり》において、第三条で「戸籍・計帳・班田収授の法を造れ」とあり、第四条で「田の調《みつき》」「仕丁《しちょう》の庸《ちからしろ》」などの税制が規定され、第二条で民衆を組織・把握する郡《ぐん》(実際は評《ひょう》)、第三条で五〇戸《こ》からなる里《り》が規定されているのに対し、中央官制の整備がまったくみえないことからもわかる。もちろん戸籍や班田が六四六年に行なわれたといっているのではなく、実際にそれらが行なわれたのは天智《てんじ》・天武《てんむ》朝である。しかし『日本書《にほんしょ》紀《き》』の編者が律令制の起点として位置づけた大化改新の詔に「戸籍・計帳・班田収授の法を造れ」とあることは、改新の詔の信憑性に問題があり、『書紀』の編者がのちの律令令文《りょうぶん》を用いて潤色したと考える改新否定説の立場をとるとしても、それが律令制の重要な部分であったことを明確に語っている。

日唐令《にっとうりょう》の篇目を比較すると、唐では戸令《こ》は学令《がく》・選挙令・考課令《こうか》とならんで前半におかれ、官僚の出身母体を把握するための戸令という位置付けがなされ、田令《でん》・賦役令《ぶやく》はそれと離れて後半におかれている（第二十二・二十三篇目、開元《かいげん》二十五年令による）。これに対して日本では田令・賦役令が前半の第九、第十に引き上げられ、第八の戸令とセットになっている。これは大化改新の詔にもみられ、戸・田・賦役のまとまりが民衆把握・支配に関して重視されたのである。

班田収授制と均田制

律令法では、民衆を戸に編成して、それを基礎として、五〇戸を里（のちに郷《ごう》）として里長《りちょう》がおかれ、そのうえに郡—国が設けられた（京では坊《ぼう》—京《きょう》）。毎年戸主に戸の内訳を記す計帳・手実《しゅじつ》▲を提出させ、それをもとに郡・国単位で課口数などを集計した計帳を中央に進上し、その年の調庸収入を示した。さらに六

▼計帳・手実　計帳は課口数とそこからとれる調庸数を集計した文書。手実はその基礎になる戸主からだされる戸口の現状の申告。杉本一樹『日本史リブレット74 正倉院宝物の世界』参照。

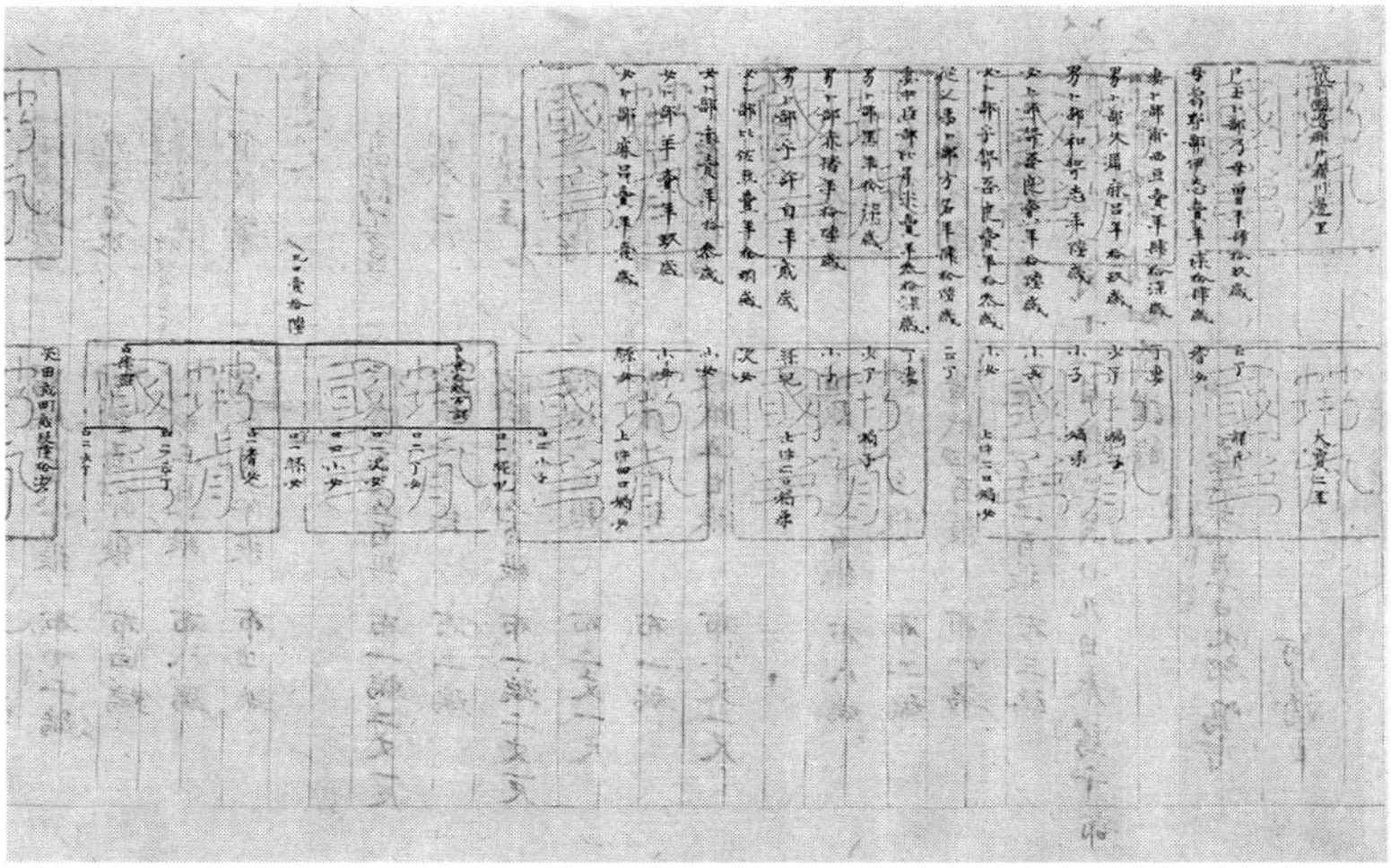

筑前国嶋郡戸籍川辺里　大宝二年
戸主卜部乃母曽、年肆拾玖歳、　正丁　課戸
母葛野部伊志売、年漆拾肆歳、　耆女
妻卜部甫西豆売、年肆拾漆歳、　丁妻
男卜部久漏麻呂、年拾玖歳、　少丁　嫡子
男卜部和哿志、年陸歳、　小子　嫡弟
女卜部哿吾良売、年拾陸歳、　小女
女卜部乎哿吾良売、年拾参歳、　小女　上件二口嫡女
従父弟卜部方名、年肆拾陸歳、　正丁
妻中臣部比多米売、年参拾漆歳、　丁妻
男卜部黒、年拾漆歳、　少丁　嫡子
男卜部赤猪、年拾陸歳、　小子
男卜部乎許自、年弐歳、　緑児　上件二口嫡弟
女卜部比佐豆売、年拾捌歳、　次女
女卜部赤売、年拾参歳、　小女
女卜部羊売、年玖歳、　小女
女卜部麻呂売、年壱歳、　緑女　上件四口嫡女

凡口壱拾陸
口壱拾弐不課　口二小子　口一緑児　口二丁女　口一次女　口四少女　口一緑女　口一耆女
口肆課　口二正丁　口二少丁

受田弐町弐段陸拾歩

●──筑前国《ちくぜんのくに》戸籍（大宝２〈702〉年。正倉院宝物）

年に一度戸籍をつくり、身分制など人民把握の基本とした。

隋《ずい》・唐の律令制では、一〇〇戸で里、五〇〇戸で郷、そのうえに県、さらに州がおかれたので、日本は戸籍・計帳の制とともにそれを導入したのである。ただし中国では州も県も中央から官人《かんじん》が派遣されたが、日本では国司《こくし》は中央から派遣される官人であるが、郡司《ぐんじ》は在地の有力な豪族《ごうぞく》から選ばれ、多くは大化改新以前からその土地で権力を保つ国造《くにのみやつこ》の一族であった。また戸といっても中国のように一夫一婦を基本とする小家族は一般的でなく、二五人くらい、多いときは何十人という大家族が普通だったので、戸の性格も大きく異なる。

班田制とは、戸籍に基づいて、全国の六歳以上の男子に口分田《くぶんでん》二段《たん》(一段＝約一一・七アール、女性はその三分の二)を支給し、六年に一度班田を行ない、死亡などで収公すべき田地をおさめるのである。

北魏《ほくぎ》以来発達してきた唐の均田《きんでん》制では、成人男子(丁《てい》)には、一〇〇畝(世襲できる永業田《えいぎょうでん》二〇畝と口分田八〇畝)が支給されることになっていた。しかしこれは実際に班田される額ではなく、一種の理想である。現実に保有している田地が最低の二〇畝から一〇〇畝の範囲で調節されるので、それ以下のことが多く、

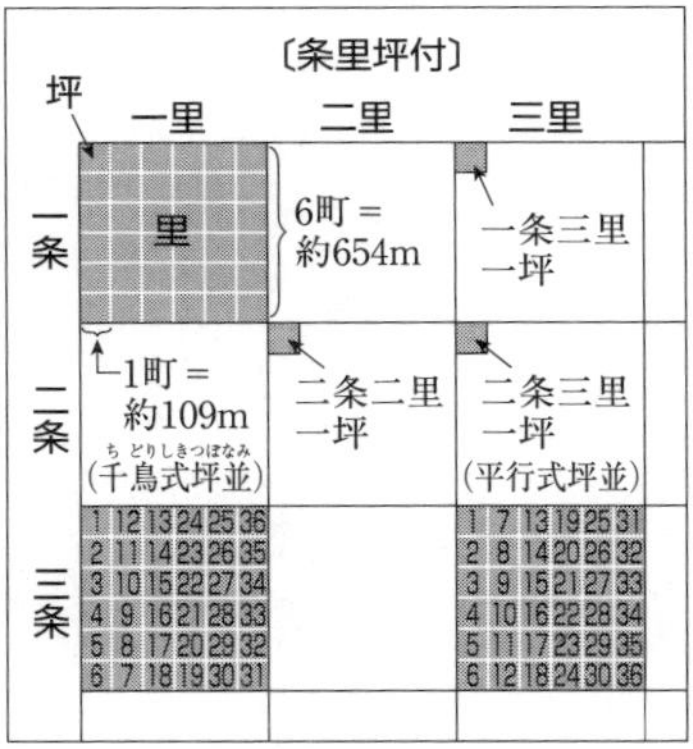

●──**条里制図**　田地は国家の手で6町四方に区画され，一辺を条，他辺を里と呼び，田地の所在は何条何里何坪で示された。1町＝10段(段＝30歩×12歩)である。

●──**律令の身分制**

皇族				
良《りょう》民《みん》	官人	上級	五位以上(貴族)。位田《いでん》・位封《いふ》・位禄《いろく》・季禄《きろく》・資人《しじん》などの給付。課役《かえき》負担なし	
		下級	六位以下。季禄の給付。課役負担なし	
	公　民		一般農民。戸籍・計帳に登録され，口分田班《はん》給《きゅう》。租・調・庸などを負担	
	雑色人《ぞうしきにん》		品部《しなべ》《ともべ》・雑戸《ざっこ》(官庁に所属する手工業者)	
賤《せん》民《みん》(五《ご》色《しき》の賤)	(官　有)		(私　有)	
	陵《りょう》戸《こ》	陵墓の守衛。戸の形成は可能。良民なみに口分田班給	家《け》人《にん》	貴族・有力者の世襲的な隷属民。戸の形成は可能。口分田は良民の3分の1
	官《かん》戸《こ》	官司で雑役に従事。戸の形成は可能。良民なみに口分田班給		
	公奴婢《くぬひ》	官有奴隷。売買の対象。良民なみに口分田班給	私奴婢	私有奴隷。売買の対象。口分田は良民の3分の1

一〇〇畝は占田《せんでん》の限度額であった。吉田孝氏によれば、均田制は、限田《げんでん》制的要素（土地を調査して帳簿に登録し、大土地所有を制限する）と屯田《とんでん》制的要素（公田・官田を一定基準で人民に割りつけて耕作、生活させる）の二つの側面をもっていたのである。これに対して日本の口分田二段は、現実に耕作できる熟田《じゅくでん》を一人ひとりに支給する制度で、墾田《こんでん》開発にかかわる官人永業田の制度を削るなど、均田制のうち屯田制的要素だけを継受し、熟田だけを集中的に規制したとされる。

北宋天聖令の田令の発見により、従来『唐令拾遺《とうれいしゅうい》』で復原されていなかった日本令に対応する多くの唐令の存在が知られ、日本田令はほぼ唐令の条文をそのまま継受したことがあらたにわかった。「吐魯番《トルファン》文書」▲から知られる唐代の西州《せいしゅう》（トルファン盆地）での均田制の実施状況を踏まえると、日本律令制の班田収授制は唐令の均田制の狭郷《きょうごう》（給田が不足する地域）での規定をもとに田令を全面的に継受してつくられたと考えてよいだろう。それにより男性全員に二段の熟田を支給することをめざしたといえよう。条里《じょうり》制を施行して灌漑《かんがい》施設などとともに田地を開発することにより、諸国での班田を実施したのである。唐では課役負担者の男性に口分田・永業田が支給されるのに対して、日本では女性や奴婢《ぬひ》

▼「吐魯番文書」　二十世紀初頭大谷《おおたに》探検隊が発掘将来した大谷文書（龍谷《りゅうこく》大学蔵）と戦後中国が発掘した「吐魯番出土文書」が主体である。トルファン盆地をおさめた麴《きく》氏高昌《こうしょう》国の文書と唐代の西州の官文書が中心をなす。

にまで口分田が支給されるのも大きな特色で、班田は租税負担よりも社会保障や人格支配にかかわるといえる。

租庸調制の特質

租庸調は、律令制の代名詞ともいうべき律令国家の中心となる租税であり、もちろん唐の律令制の制度を導入したものである。

唐での租庸調は、丁男《ていだん》という二一歳から五九歳の男子に賦課される人頭《じんとう》税で、均田制の給田に対応している。租は粟《ぞく》(籾《もみ》付きの穀物)二石《こく》をおさめ、調は、養蚕を行なう地帯では絹を一定額、麻を植える地帯では布を一定額納入し、さらに庸は、年二〇日の中央での力役《りきえき》義務である歳役《さいえき》のかわりに絹または布を一定額納入する制度であるが、簡単にいえば丁男は、地域により絹二匹《ひき》、あるいは布二端《たん》(匹も端も織物の反物《たんもの》の単位)を調庸としておさめた。そのほかに付加税の兼調として綿(まわた)または麻(あさいと)が賦課される制度で、比較的単純なものである。品目は絹または布に統一され、これは、一般の民衆が生産しただけでなく、唐代の社会にあって等価交換の基礎になる品目で、つまり貨幣とし

●──公民の税負担

区分	負担者 正丁（21〜60歳）	負担者 次丁（老丁）（61〜65歳）	負担者 中男（少丁）（17〜20歳）	備考
租	田地にかかる租税。田１段につき２束２把の穎稲（籾付きの穂を束ねたもの）を納入（収穫の約３％）			諸国の正倉に貯備。706（慶雲３）年に１束５把に改めたが，実量は２束２把と同じ
課役　調	正規の調は，絹・絁８尺５寸（約2.6m），糸（絹糸）８両（300ｇ），綿（絹綿）１斤（600ｇ），布（麻布）２丈６尺（約7.9m）あるいは塩・鰒など雑物34種のうち１種を納入	正丁の２分の１	正丁の４分の１	京と畿内諸国は半減。717（養老元）年に少丁の調は廃止され中男作物を雑徭を用いて納入
課役　庸（歳役）	京での労役（歳役）年間10日にかえて布（麻布）２丈６尺（約7.9m）を納入	正丁の２分の１	—	京と畿内諸国は免除。706（慶雲３）年に半減
課役　調副物	染料（紫・紅・茜）・胡麻油・塩・漆・麻などのうち１種を納入	—	—	正丁のみが負担。京と畿内諸国は免除。717（養老元）年に廃止，中男作物に継承される
課役　雑徭	年間60日を限度とする労役（国府の雑用や国内の土木工事など）	正丁の２分の１	正丁の４分の１	795（延暦14）年，桓武天皇は雑徭を半減。以降，正丁30日となる
兵役	正丁３人に１人（国内の正丁の３分の１）を徴集。軍団兵士（諸国の常備軍）：10番交代で勤務（毎番10日）。衛士（宮城の警備）：１年間。防人（九州沿岸の警備）：３年間	—	—	大宝令では正丁４人に１人。兵士の武器や食料は自弁が原則。軍団兵士は庸・雑徭が免除。衛士・防人は調・庸・雑徭が免除。防人には多く東国の兵士があてられる
仕丁	50戸につき正丁２人を３年間徴発（食料は50戸で負担）	—	—	中央諸官司の労役に従事
出挙（公出挙）	国家が春に稲や粟を貸しつけ，秋の収穫時に高い利息とともに徴収する。当初は勧農救貧政策であったが，のちに強制的貸付けに変質。利息（出挙利稲）は５割（のち３割）			諸国の財源。私出挙もある。利息は10割（のち５割から全面禁止に）／公民の戸ごとに課す
義倉	備荒貯蓄策で，親王を除く全戸が貧富に応じて粟などをおさめる			貧富は９等級に区分／公民の戸ごとに課す

●—調・贄の荷札木簡（平城宮木簡・二条大路木簡）

安房国朝夷郡健田郷仲村里戸私部真鳥調鰒六斤三列長四尺五寸束一束養老六年十月

（表）

（裏）

（表）伊豆国田方郡棄妾郷瀬埼里戸主茜部真弓調荒堅魚十一斤十両「六連一丸」
（裏）天平七年十月

阿波国進上御贄若海藻壱籠　板野郡牟屋海

ての機能をもっていた。唐の朝廷《ちょうてい》は、税金として絹・布をおさめさせ、中央政府が必要な品目は長安《ちょうあん》や洛陽《らくよう》でその絹・布によって購入した。

日本の調庸も、やはり二一歳から六〇歳の男子（正丁《せいてい》）に一定額が課される人頭税で、その点では同じシステムである。調は賦役令第一条調絹絁《ちょうきぬあしぎぬ》条に絹・布などの織物を規定するが、さらに雑物としてさまざまなかわりにおさめる品目を規定するところが大きな違いである。鉄や鍬《くわ》などの鉱産物やその加工品、さらに塩、鰒《あわび》・堅魚《かつお》・烏賊《いか》・熬海鼠《いりこ》（なまこ）の海産物、ワカメ・ノリなどの多種類の海藻も規定する。中国では税金として調庸を徴収するのと違い、日本では各国の特産物を中央に献上する制度なのである。平城宮《へいじょうきゅう》などから出土する荷札木簡《にふだもっかん》によると、たとえば伊豆国《いずのくに》や駿河国《するが》からは調としてほとんど堅魚が進上され、安房国《あわ》や上総国《かずさ》からは調として鰒が、尾張国《おわり》からは塩がおさめられていた。海産物の生産は、個人でというよりも集団で行なって漁をするので、郡司など在地の豪族に統率される共同体的な生産を基礎にしているところも、日本の特徴である。令文には織物も、たとえば絹・絁は一人八尺五寸（約二・六メートル）で、「六丁で疋《ひき》を成せ」とあり、多人数で一単位（疋や端）をなすよう

●──諸国貢進の海産物(調・贄のみ，塩を除く)

国名	調	贄	
		木簡	式
山城			氷魚，鱸
摂津			カサメ皮欄
和泉			鯛，鰺
伊賀			年魚
伊勢		鯛	鯛，年魚，鱺
志摩	鰒，堅魚，海鼠，紫菜，海松，鹿角菜，海藻，滑海藻など		深海松
尾張		軍布	鯛，蝌蛯
参河	鯛，雑魚，貽貝	赤魚，ウハカサメ	稺海藻
遠江		雑魚	稺海藻
駿河	堅魚		
伊豆	堅魚		
武蔵		鮒	
安房	鰒		
上総	鰒		
下総		若海藻	稺海藻
常陸		チヌ，若海藻	稺海藻
近江			年魚，鮒，鱒，阿米魚，氷魚
美濃			鮒，年魚
信濃			鮭
上野		鮎	
下野		鮎	
陸奥			昆布
若狭	鰒，烏賊，海鼠，貽貝，保夜，甲蠃，凝菜	貽貝，鰯，鯛	鮭，稺海藻，毛郡久於己
能登	海鼠		稺海藻
越中		鮒	稺海藻
越後	鮭		鮭
佐渡			稺海藻

国名	調	贄	
		木簡	式
丹波		久己利魚	鮭，年魚
丹後		烏賊，鮒	鮭，鯛
但馬		若海藻	鮭，年魚，稺海藻
因幡		海藻	鮭，稺海藻
伯耆			稺海藻，海藻根
出雲	烏賊，鰒	鱸，若海藻，烏賊	
隠岐	鰒，烏賊，海鼠，鮹，紫菜，海藻，海松		ノリ，烏賊，軍布
播磨			年魚
美作			鮎
備前		海細螺，水母	(氷頭？)
備中			年魚
長門	鰒	稺海藻	稺海藻
紀伊	鰒，堅魚，久恵，滑海藻	辛螺，鯛	年魚
淡路	雑魚		
阿波	鰒，堅魚	若海藻	
讃岐			鯛
土佐	堅魚		年魚
筑前	鰒，鮒，海藻	鯛，鰒，鯖，ツビ，軍布	
筑後		年魚	腹赤魚
肥前	鰒		
肥後	鰒，海鼠，鯛，鮹，雑魚		腹赤魚
豊前	烏賊，雑魚		
豊後	鰒，堅魚		
日向	鰒，堅魚		
壱岐	鰒		
(大宰府)			鰒，鮒，年魚，鯛

網野善彦『中世民衆の生業と技術』所収の表をもとに修正・作成。

に規定している。

この調は「ツキ」「ミツキ」と読むが、律令制以前に、地方豪族が任じられた国造が、朝廷にその土地の特産物を献上していた「ミツキ」があり、それを継承していると考えられる。「ミツキ」はみつぎものである。

一方の庸は、賦役令4歳役条は歳役として中央での年間一〇日の労働のかわりに布二丈六尺(約七・九メートル)を規定する(まもなく一丈三尺に半減される)。なお大宝令《たいほう》では庸のみを徴収する規定であり、養老令《ようろう》で歳役を規定するように改訂されたが、実際には空文であったと考えられる。必要な力役は庸を用いてそれを雇直《こちょく》として雇役《こえき》が行なわれた。

庸は、規定の布のほか米、あるいは塩・綿《まわた》で徴収されたが、唐のように調と同じ品目で調庸として納入することは少ない。それは庸にも独自の歴史的背景があったためで、庸は「チカラシロ」と読み、名代《なしろ》など部民制《べみん》において大王の宮に上番《じょうばん》して奉仕する部《トモ》の生活を支えるために郷里の部民集団が生活の糧を送るシステムがあり、それが「チカラ」の「シロ」(かわり)である。大化改新の詔でも仕丁や采女《うねめ》の庸としてその徴発単位である五〇戸・一〇〇戸が庸布・庸米をだ

●──神への捧げ物

すことを規定していて、この制度を庸制は継承している。奈良時代にも五〇戸ごとに正丁二人を都《みやこ》へ上番させて官司《かんし》の雑役をさせる仕丁制度があるが、民衆は自分の里から上番した仕丁の養物《ようもつ》という意識で庸をおさめたので、したがって調とは別の品目だった。

宗教的性格と在地首長制

調としておさめる鰒・堅魚・ワカメなど海藻は、いずれも干し鮑や鰹節など干して加工して長期保存ができる形である。長い時間かけて都に運び、税として中央で消費されるために必要な技術である。一方で贄《にえ》といって、新鮮な海産物も含め、天皇の食事用に献上する制度もあるが、鰒も堅魚もワカメも調と贄に共通し、両者は本来重なりあっていた(三五ページ左写真参照)。贄とは、生贄というように、本来は神にささげるもので、それが天皇への献上物になった。調という税制は、神そして天皇への供え物という宗教的性格をもつのが、日本の特徴である。

なお田租も、唐の租と異なり、班田額に応じて(一段に二束《そく》二把《わ》)課税され、賦役令ではなく田令に規定があり、収穫の三%と税率が低いことなど、税として異質である。それはもともと初穂《はつほ》を神にささげる初穂貢納に起源をもつもので、宗教的な意味をもっていたと考えられている。

田租は地方の正倉《しょうそう》に保管・蓄積されるが、中央に納入された調がどのように使われるかを考えるとそうした宗教性がいっそう明らかである。十月から十二月にかけて大蔵省《おおくらしょう》に各国から調が納入されるが、これらは、荷前《のさき》といって、年末に荷前使により天皇の祖先の陵墓《りょうぼ》にささげられる。荷前とは「はつほ」ともいって、その年の収穫の一番最初のものという意味で、それを祖先の墓にささげる。さらにそれを神々にもささげる。十一月に畿内《きない》の特定の有力神社を対象に行なわれる相嘗祭《あいなめさい》《あいんべのまつり》にしても、律令国家の最大の祭祀《さいし》、二月に行なわれる全国の官社《かんしゃ》を対象としてその年の豊作を祈る祈年祭《きねんさい》《としごいのまつり》にしても、神々にささげる幣帛《へいはく》《みてぐら》は「ミツキ」の荷前であった。鰒(御取鰒《みとりあわび》という)や堅魚は、現在でも伊勢《いせ》神宮の神饌《しんせん》の代表的なものである。

つまり、日本の調は、民衆から郡司など地方豪族によってまとめられて、おそらく服属の証として神への捧げ物である「ミツキ」としてたてまつられた。それを集めた天皇・律令国家は、地方豪族にかわって、天皇の祖先や神々に奉納して、収穫の感謝や国家の安寧・豊作を祈り、その残りが国家財政の収入として使われるという構造なのである。

古代国家の支配の基礎には郡司に代表される地方豪族の民衆支配があり、天皇と民衆の支配関係は二次的関係だというのが、石母田正《いしもだしょう》▲が文化人類学の成果を学んで構築した「在地首長制論《ざいちしゅちょうせいろん》」である。戸籍・計帳の作成にしろ、徴税にしろ、在地での労働力編成や勧農・祭祀など、それを可能にしたのは地方豪族の共同体支配であり、彼らを郡司として機構に組み込んだことが律令国家の支配の基礎といえる。しかしそうした地方豪族が天皇に服属・奉仕した、つまり天皇あるいは律令国家の支配を全国におよぼすことを可能にした前提には、天皇のもつ宗教的な力あるいは天皇による祭祀があったと考えられる。

中国の調庸とは、性格が異なり、律令以前の「ミツキ」「ニヘ」などの制度のうえに成立している。律令法によりそれが戸籍・計帳により把握した正丁の数に応じて徴収できるように制度化されたといえる。

▼石母田正　一九一二～八六。東京大学文学部卒業、法政《ほうせい》大学教授をつとめた。専攻は日本古代・中世史で、戦後のマルクス主義に基づく歴史学・運動を支えた。『日本の古代国家』では、文化人類学の理解を取り入れ、実証的な研究成果を広く取り入れた。『石母田正著作集』全一六巻がある。

⑤—官僚制と政治構造 —— 律令制の構造(2)

位階制の特色

官僚制や政治システムの特色としては、位階《いかい》秩序をもとにする官位相当《かんいそうとう》制、二《に》官八省《かんはっしょう》という官制と四等官《しとうかん》制、文書《もんじょ》による行政などが律令制の代名詞である。位階については、推古朝《すいこちょう》の冠位十二階《かんいじゅうにかい》以来発展して正一位《しょういちい》から少初位《しょうそい》までの三〇階がつくられ、毎年の勤務評定(考《こう》)を受けて、その考を一定年数積み重ね、その評価(上々〜下々)に応じて位階が昇進(選《せん》)する。その位階を基礎に、それに相当する官職《かんしょく》に就任するというのが官位相当制である。隋唐《ずいとう》の律令制から考選と同様にはいってきたようにみえるが、日唐の大きな違いは官と位の関係にある。

官位令は、親王一品《しんのういっぽん》〜四品《しほん》、諸王《しょおう》・諸臣《しょしん》一位〜初位に対応する職事官《しきじかん》を列挙する。唐の官品《かんぴん》令は「官の品」つまり官職の等級を示す。宮崎市定《みやざきいちさだ》が喝破したように、中国では官職が位(品)をもっていて、官職に就くことによりその位がついてくるのだが、日本では人に位階がつくので、官人《かんじん》の身分を示すのは官と別

●──官位相当制

位階			官職：神祇官	太政官	中務省	中務以外の7省	衛府(中衛府*)	大宰府 弾正台	国司	勲位
貴族	貴(**公卿)	正一位 従一位		**太政大臣**				(下線は大宰府管轄下の防人司)		
貴族	貴(**公卿)	正二位 従二位		**左右大臣** **内大臣***						
貴族	貴(**公卿)	正三位		大納言						勲一等
貴族	貴(**公卿)	従三位		中納言*				**帥**		二等
貴族	通貴	正四位 上			**卿**					三等
貴族	通貴	正四位 下		参議*		**卿**				三等
貴族	通貴	従四位 上		左右大弁			**大将***	**尹**		四等
貴族	通貴	従四位 下	**伯**							四等
貴族	通貴	正五位 上		左右中弁	大輔		**衛門督** 少将*	大弐		五等
貴族	通貴	正五位 下		左右少弁		大輔 大判事		弼		五等
貴族	通貴	従五位 上			少輔		**兵衛督**		**大国守**	六等
貴族	通貴	従五位 下	大副	少納言	侍従	少輔	衛門佐	少弐	**上国守**	六等
官人		正六位 上	少副	左右大史				大忠		七等
官人		正六位 下			大丞	大丞 中判事	兵衛佐	大監 少忠	大国介 **中国守**	七等
官人		従六位 上	大祐		少丞	少丞	将監*	少監	上国介	八等
官人		従六位 下	少祐			少判事	衛門大尉	大判事	**下国守**	八等
官人		正七位 上		大外記 左右少史	大録	大録	衛門少尉	大典・防人正・大疏		九等
官人		正七位 下			大主鈴	判事大属	兵衛大尉	主神	大国大掾	九等
官人		従七位 上		少外記			兵衛少尉 将曹*		大国少掾・上国掾	十等
官人		従七位 下						博士		十等
官人		正八位 上			少録 少主鈴	少録		少典・医師・防人佑・少疏	中国掾	十一等
官人		正八位 下	大史			判事少属	衛門大志			十一等
官人		従八位 上	少史				衛門少志 兵衛大志		大国大目	十二等
官人		従八位 下					兵衛少志		大国少目・上国目	十二等
官人		大初位 上						判事大令使		
官人		大初位 下						判事少令使	中国目	
官人		少初位 上							下国目	
官人		少初位 下								

太字は長官，■次官，■判官，■主典，＊は令外官。
＊＊公卿は大臣，大納言・中納言・参議および三位以上の者をいう。
なお，中衛府は728(神亀５)年８月の設置時の官位相当。

の位階であり、位の秩序が天皇からの距離として優先する。その位階に官職を対応させたのが官位相当制であるが、大きく意味は違うのである。

とくに五位に大きな意味がある。五位以上は貴族《きぞく》とされ、禄《ろく》令では、三位以上は位封《いふ》▲、五位以上は位禄《いろく》▲（封戸《ふこ》のかわり）が支給されるが、六位以下は季禄《きろく》▲だけであり、五位以上と六位以下での俸禄《ほうろく》の格差が大きい。選叙《せんじょ》令には五位以上の官人の子孫は二一歳で自動的に叙位されて出身する蔭位《おんい》の規定があるが、唐の資蔭《しいん》制に比べて日本の蔭位が規定する初叙の位はきわめて高く（たとえば一位官人の嫡子は従《じゅ》五位下《げ》、従五位の嫡子は従八位上《じょう》に自動的に叙せられる）、上流貴族の子弟は蔭位で出身し、奈良時代には大学《だいがく》や官吏《かんり》登用試験の役割は限定的だった。もちろん唐でも五品以上は貴族として優遇されるが、日本ではほぼ五位以上の家の子孫は自動的に五位以上にのぼり、特権が守られて、貴族が再生産される仕組みになっている。

関晃《せきあきら》▲がこれらから指摘したように、日本では貴族制的要素が強く、五位以上は、大和《やまと》政権を構成していた畿内《きない》出身の「氏《うじ》」、伝統的な有力豪族《ごうぞく》が独占していて、五位は伝統的身分としての意味を強くもった。五位以上の官人は天皇に

▼**位封**　食封《じきふ》は、特定数の公民課戸を賜い、その課口の負担する調庸すべてと田租《でんそ》の二分の一を取得させる制度。親王の一品から四品、諸臣の一位から三位に、品・位に応じて支給されるのを位禄という。

▼**位禄・季禄**　四位と五位の官人に位封のかわりに絁《あしぎぬ》・布などを賜うのを位禄という。一方、季禄はすべての在京の職事官に対して二月と八月に年二回支給された。絁・布・綿・糸・鍬《くわ》・鉄で支給された。

▼**関晃**　一九一九〜九六。東京大学文学部卒業、山梨大学・東北大学・フェリス女学院大学で教鞭をとった。推古朝から大化改新《たいかのかいしん》研究や帰化人《きかじん》研究を柱に実証的古代史研究を進展させた。『関晃著作集』全五巻がある。

●——蔭階表

官　人	嫡　子	庶　子	嫡　孫	庶　孫
正・従一位	従五位下	正六位上	正六位上	正六位下
正・従二位	正六位下	従六位上	従六位上	従六位下
正・従三位	従六位上	従六位下	従六位下	正七位上
正四位上・下	正七位下	従七位上		
従四位上・下	従七位上	従七位下		
正五位上・下	正八位下	従八位上		
従五位上・下	従八位上	従八位下		

官人になるためには，大学・国学で学び，式部省が行なう試験に合格して，位階をえることが必要であった。しかし，五位以上の子(蔭子)，三位以上の子と孫(蔭孫)は，21歳になると父祖の位階に応じて一定の位階があたえられ，それに相当する官職に就くことができた。関晃「律令貴族論」『岩波講座　日本歴史』3より。

●——律令中央官人給与表

種目／位階	職封(戸)	職田(町)	位田(町)	位封(戸)	位禄 絁(疋)	位禄 綿(屯)	位禄 布(端)	位禄 庸布(常)	季禄 2月 絁(疋)	季禄 2月 糸(絇)	季禄 2月 布(端)	季禄 2月 鍬(口)	季禄 8月 絁(疋)	季禄 8月 綿(屯)	季禄 8月 布(端)	季禄 8月 鉄(廷)	位分資人(人)	職分資人(人)
正1	3,000	40	80	300					30	30	100	140	30	30	100	56	100	300
従1	3,000	40	74	260					30	30	100	140	30	30	100	56	100	300
正2	2,000	30	60	200					20	20	60	100	20	20	60	40	80	200
従2	2,000	30	54	170					20	20	60	100	20	20	60	40	80	200
正3	800	20	40	130					14	14	42	80	14	14	42	32	60	100
従3			34	100					12	12	36	60	12	12	36	24	60	
正4			24		10	10	50	360	8	8	22	40	8	8	22	16	40	
従4			20		8	8	43	300	7	7	18	30	7	7	18	12	35	
正5			12		6	6	36	240	5	5	12	20	5	5	12	8	25	
従5			8		4	4	29	180	4	4	10	20	4	4	10	8	20	
正6									3	3	5	15	3	3	5	6		
従6									3	3	4	15	3	3	4	6		
正7									2	2	4	15	2	2	4	6		
従7									2	2	3	15	2	2	3	6		
正8									1	1	3	15	1	1	3	6		
従8									1	1	3	10	1	1	3	4		
大初									1	1	2	10	1	1	2	4		
少初									1	1	2	5	1	1	2	2		

位封は，封戸に指定された一定数の戸がおさめる租の半分と調・庸のすべてをみずからの収入とするもので，三位以上の貴族に支給された。四位・五位には，位禄として絁や綿などがあたえられた。季禄は春・秋の2回，すべての官人に鍬・布(麻布)などが支給されるもの。資人は雑務などを行なう従者。関晃「律令貴族論」『岩波講座　日本歴史』3より。

近侍するマヘツキミ(大夫)としての一体感がある。また四位はのちの参議《さんぎ》制につながる大化《たいか》前代の「大夫」を継承する地位であることも指摘されている。

二官八省制と太政官

神祇官《じんぎかん》と太政官《だいじょうかん》、そして太政官の下に中務省《なかつかさしょう》以下八省がおかれる二官八省制は、唐の尚書《しょうしょ》省の下に吏部《りぶ》・戸部《こぶ》などの六部《りくぶ》がおかれる機構を模倣しているが、唐では三省六部であり、中書《ちゅうしょ》・門下《もんか》・尚書からなる三省制を、日本の律令制では神祇官を別格に設けたうえで、太政官一つにして継受したことに特色がある。唐では中書省が詔勅《しょうちょく》の起草にあたり、門下省がチェックし、尚書省が六部を率いて実施するという体制だったが、太政官はそれを一つにしたので、たとえば門下省のもつ皇帝の専権を掣肘《せいちゅう》できる機能を取り込んでいる。さきにふれた藤原宮子《ふじわらのみやこ》の称号問題のように、太政官はある場合に天皇権力を制約できる大きな力を伝統的にもっていたのである。

公式令《くしき》には太政官が合議して上奏《じょうそう》する「論奏《ろんそう》」という書式があるが、それで奏《そう》上《じょう》すべきと規定される項目は、唐制では、「奏抄《そうしょう》」を用いるものと「発日勅《はつじつちょく》」を用

中央官制

- 神祇官（宮中の神祇祭祀と全国の神社を統轄）
- 太政官（国政を統轄）
  - 〔議政官〕
    太政大臣
    左大臣
    右大臣
    大納言
    参議
  - 少納言—外記（詔・奏の検討，駅鈴・伝符・内印・外印）
  - 左弁官
    右弁官
    （諸司・諸国からの文書の受付，命令伝達）
    - 中務省（天皇・後宮にかかわる事務，内廷と外廷の仲介）
      ・内記（詔勅の起草）
      ・監物（庫蔵の出納）
      ・典鎰（庫蔵の鍵）
      ・主鈴（内印・駅鈴・伝符）
      中宮職・左右大舎人寮・図書寮・内蔵寮・縫殿寮・画工司・内薬司・内礼司
    - 式部省（文官の勤務評定・人事，朝廷儀礼）
      大学寮・散位寮
    - 治部省（各氏族の系譜・相続・婚姻など官人の身分にかかわる事務）
      雅楽寮・玄蕃寮・諸陵司・喪儀司
    - 民部省（民衆・土地・租税など民政全般）
      主計寮・主税寮
    - 兵部省（諸国軍団・兵士・兵器・軍事施設，武官の勤務評定・人事）
      兵馬司・造兵司・鼓吹司・主船司・主鷹司
    - 刑部省（刑事裁判・良賤判別などにかかわる司法行政全般）
      贓贖司・囚獄司
    - 大蔵省（諸国貢献物の保管，朝廷行事の用度統轄，度量衡・物価の統制）
      典鋳司・掃部司・漆部司・縫部司・織部司
    - 宮内省（内廷の庶務機関）
      大膳職・木工寮・大炊寮・主殿寮・典薬寮・正親司・内膳司・造酒司・鍛冶司・官奴司・園池司・土工司・采女司・主水司・主油司・内掃部司・筥陶司・内染司
- 弾正台（大内裏と京内の綱紀粛正）
- 衛門府——隼人司（朝廷に奉仕する隼人の管理）（宮城門・宮門の警備）
- 左右衛士府（衛士の管理，宮門・宮城門・宮内諸官衙の警備）
- 左右兵衛府（兵衛〈天皇の親衛隊〉の管理，閤門〈内門〉の警備，天皇の身辺護衛・行幸供奉）
- 左右馬寮（官馬の調教・飼養）
- 左右兵庫（儀式・実用の武器管理）
- 内兵庫（供御用の武器管理）

地方官制

- 〈京官〉
  - 左右京職（京内の行政・警察機構）——東西市司（市の管理・運営）
  - 摂津職（難波宮・難波津・難波市の管理，摂津国の国司を兼務）
- 大宰府——防人司（西海道諸国を管轄，防人・軍事施設の統轄，外交交渉）
- 諸国・嶋——郡司
  　　　　　——軍団

●——**律令官制と職掌**（括弧内は管轄事項）　渡辺晃宏『日本の歴史04　平城京と木簡の世紀』より作成。

いるものとをあわせたものであり、唐では皇帝の発意により命ぜられるべきものが日本では太政官の発議すべきものとなっていることから、天皇の権力は唐の皇帝に比べて太政官によって制約を受けているという考え方もある。

太政官の議政官《ぎせいかん》(大臣《だいじん》・大納言《だいなごん》、それに格制《きゃくせい》の中納言《ちゅうなごん》と参議が加わる)は、その前身として大臣《おおおみ》・大連《おおむらじ》のもとに「大夫」(マヘツキミ)が集まる会議があった。したがってその畿内有力豪族の代表者会議という性格を継承していて、奈良時代初めには各氏族《しぞく》から一人ずつがでる慣行があったとされる。

律令国家は、伝統的な畿内豪族層が五位以上の官人となり、天皇のもとに太政官を中心に集結して、地方の畿外《きがい》豪族を支配しているのが本質であり、それ以前の大和政権のあり方を継承していると考えられ、こうした考え方を畿内政権論という。

八省など官庁機構については、省ごとに前身や伝統が異なる。石母田正は、かつての大王の私的な家産組織を継承し、多くの職《しき》・寮《りょう》・司《し》を管する宮内《くない》省や大蔵省のような古い型の省と、主計《しゅけい》寮と主税《しゅぜい》寮▲しかもたない民部《みんぶ》省や式部《しきぶ》省のような新しい型の省があることを指摘した。たとえば宮内省被管《ひかん》の主殿寮《とのもりょう》▲に

▼**主計寮と主税寮**　主計寮は、調などの中央財政の収支を計算し、国司《こくし》からの納入に不正がないか監査にあたる。主税寮は、地方の財政支出、国司による租の徴収や正税《しょうぜい》の管理の監査にあたった。

▼**主殿寮**　宮内省管下で、宮中《きゅうちゅう》の殿舎《でんしゃ》や行幸《ぎょうこう》時の施設の維持管理にあたる。行幸時に御輿《みこし》をかついだり、宮中の庭をはいたり、松明《たいまつ》や灯燭《とうしょく》など明かりをともしたりした。

は殿部《とのもりべ》四〇人がおかれるが、これは、日置《へき》・子部《こべ》・車持《くるまもち》・笠取《かさとり》・鴨《かも》の五氏から世襲的にとられる。これは負名氏《なおいのうじ》と呼ばれるが、こうした伴部《ともべ》の制には大化前代の氏族制的な部民制が残り、それが律令官制に取り込まれている。

また太政官の事務局である弁官《べんかん》については、二官八省制の形成途上の天武《てんむ》朝においてみえる「大弁官」以来、議政官である太政官に対して独立性を有した。弁官は、諸司・諸国からだされる案件を口頭で受けつけて処分し、「アドモヒ」といって儀式では諸司を引率し、諸司・諸国を集中的に管理したが、大夫(マヘツキミ)による「ツカサ」の分掌という伝統を引き継いでいることを大隅清陽氏が指摘している。

人事の仕組み

人事については、選叙令に叙位《じょい》の手続きや、勅授《ちょくじゅ》・奏授《そうじゅ》・判授《はんじゅ》▲の手続きの別、蔭位の制や官人の出身に関する規定を定め、考課令《こうか》には、官の内長上《ないちょうじょう》▲・内分番《ないぶんばん》・外長上・外分番の四区分に基づき、最《さい》・善《ぜん》という基準による勤務評定の仕方や決定方法、大学などからの官吏登用試験などを定める。唐令では任官を定

▼**勅授・奏授・判授**　官人は毎年の勤務評定(考)が一定年積算され、それにより式部省・兵部省《ひょうぶ》が叙位を判断するが、五位以上は天皇が位階を決める勅授で、六位以下は太政官から天皇に奏上される奏授、外八位・初位は太政官が決定する判授に分かれた。

▼**内長上**　長上とは毎日出勤を原則とする官で、官位相当の定まる職事官すべてが内長上で、地方豪族が選ばれる郡司などは外長上とされた。また職事官の下に舎人《とねり》・史生《ししょう》などの内分番があった。

めていたのを、日本では位階の授与・昇進の規定に書きなおしたことを除けば、きわめてシステマチックで緻密な規定がならんでいる。

しかし実際には上流氏族出身者とそれ以外では昇進のあり方には大きな差があり、それがさきに述べた蔭位の制である。式部省の官吏登用試験で官人に出身する場合は、秀才の最高成績でさえ叙せられるのは正八位上なので、蔭位の制はきわめて有利だった。学問での出身が広がるのは平安時代初めになってからである。

唐では人事を担当する吏部が、「身・言・書・判」の試験や対面注擬《ちゅうぎ》(面接)などにより六品以下の人事を決定したのに対して、日本の式部省の試験は書類審査だけであり、その試験も大宝令《たいほうりょう》施行直後に廃止されている。ただし例外的に式部省の試練(試験)が課され続けた奏任官《そうにんかん》の官職があった。それが郡司《ぐんじ》の大領《だいりょう》・少領《しょうりょう》、つまり郡領であった。このことは、郡司任命の場が、畿外の政治的諸集団を服属させる、畿内政権およびそれを代表する天皇の「外交」の場であったためだと早川庄八は論じている。なお位階についても日本独自に外《げ》正五位上から外初位下までの外位《げい》が設けられ、郡司や軍毅《ぐんき》に授けられ中央貴族と差別された。

●—四等官制

	神祇官	太政官	省	職	寮	衛府	大宰府	国	郡
長官	伯	左右大臣	卿	大夫	頭	督	帥	守	大領
次官	大少副	大納言	大少輔	亮	助	佐	大少弐	介	少領
判官	大少祐	左右大・中・少弁 少納言	大少丞	進	允	大少尉	大少監	大少掾	主政
主典	大少史	左右大・少史 大少外記	大少録	属	属	大少志	大少典	大少目	主帳

四等官制

官司内部には、長官《かみ》—次官《すけ》—判官《じょう》—主典《さかん》という中国よりも単純な四等官制がつくられている。役所のランクに応じてさまざまな漢字をあてるが（上表参照）、いずれもカミ・スケ・ジョウ（マツリゴトヒト）・サカンと読む。長官と次官は官司の事務を総判し、判官は官内の不正・誤りをチェックし、主典は文書の作成や読上げをする。吉川真司氏によれば、唐では文書行政において三判制《さんはんせい》といって判官が分判し、通判官《つうはんかん》が通判《つうはん》（尚書六部のなかに各四曹《そう》があるようにいくつかの曹司《ぞうし》を統括する）、長官が総判《そうはん》して、それぞれ文書をはりついだ案巻《あんかん》に自筆で判を書き入れるのだが、日本では文書行政といっても案巻処理が取り入れられず、主典が文書を読み上げて、それを判官以上が口頭で決裁をする（これを宣《せん》という）。したがって三判の決裁がもつ明確な責任、四等官の分掌関係は実質的に存在せず、官司《かんし》内に分曹が存在しないことから、次官は通判官でなく長官と同じ職掌になるのである。また春名宏昭氏は、四位官（首席官）・五位官（次席官)・六位官(実務官)という位による秩序を考え、二十四司―六部尚書の関係を模倣して、被管の寮・司もすべて所管の省の長官卿(四位官)が統轄する体制がつくられたと述べている。さらに四等官制のなかでも位の秩序が優先して、実際には五位以上を帯びている官人の役割が重要で、彼らが決裁権を握っていたことが指摘されている。

なお唐では官制中に勾検官《こうけんかん》がおかれ日常的に文書行政や不正のチェックが行なわれたが、日本は四等官制で、勾検官を採用せず、太政官の事務局である弁官が計会帳《けいかいちょう》という文書により諸司・諸国の文書行政を管理した。

官僚機構の運営については、文書行政の未発達というべきか、口頭伝達による音声の世界が残っている。その重要性が天皇の宣命《せんみょう》や任官儀礼などの分析から注目されている。

⑥ 天皇制――律令制の構造(3)

律令に規定がない天皇の服

もう一つ律令制の特色として、律令が継受しなかった、日本の律令では規定していない部分にふれよう。篇目の表でいえば、唐《とう》の開元令《かいげんりょう》では上から三分の二くらいのところに、鹵簿令《ろぼれい》がある。鹵簿とは皇帝の行列のことで、さまざまな場合の行列の編成について、上下二巻に細かく規定しているが、日本令には鹵簿令という篇目はない。日本では天皇の行列のあり方を規定しなかったのだが、そもそも日本の律令には、天皇についてほとんど規定がない。それはなぜだろうか。

興味深いのは、皇帝以下臣下《しんか》の服装を定める衣服令である。唐令では冒頭に大裘冕《だいきゅうべん》・衮冕《こんべん》以下、皇帝の衣服一四種を詳しく規定する。しかし日本の衣服令では、冒頭が皇太子の礼服(儀礼用の中国的な服装)から始まり、天皇の衣服についての規定がないのである。

衣服令には服色の序列を定め、自分の色より上位の色の服用を禁止する唐にはない独自の条文(7服色条)がある。日本では服色は天皇から賜り許されるもので、身分や位階《いかい》に応じた色の序列がつくられた。その色は、冒頭が白、二番が黄丹《おうだん》(紅色をおびたくちなし色)、三番が紫と規定する。この黄丹は皇太子礼服の色、紫は親王《しんのう》以下の礼服の色であるので、もっとも高貴な色におかれる白は、天皇の服飾の色のはずである。衣服令に具体的な規定はないが、律令は天皇の服(正装)の色として白を想定していたと考えられ、この白とは、帛衣《はくい》と呼ばれる白の練絹《ねりぎぬ》の衣で、平安《へいあん》時代になっても天皇が神事《しんじ》に際して着用する衣であると規定されている。天皇が神をまつるときに使う白い衣こそが天皇の正装であり、おそらく卑弥呼《ひみこ》以来の天皇の司祭者《しさいしゃ》としての本質的機能にちなむ固有の習俗だったのだろう。

律令制が天皇について規定していないのは、天皇の本質にかかわる固有の習俗があり、中国律令制の文明に比べるときにはなお未開というべきもので、律令制に規定できなかったからと考えることができる。八世紀初めの段階では、固有の習俗につつまれた天皇制を、それは国家の本質にかかわるがゆえに、中国的なものに変えることができなかったのだろう。鹵簿令の削除も、天皇の行列はおそらく神祭りの行列であり、中国の皇帝のそれとはまったく違っていたからだろう。

天皇のミコトノリ

律令には天皇それ自体の規定はないといっても、天皇制のあり方をうかがうことはできる。律令制の高度な統治技術としての特色は、文書《もんじょ》行政にあり、中国で紙に書いた文書による官僚制の運用の高度なシステムがつくりあげられた。日本はそれを輸入して文書行政のシステムを確立するが、その公式令《くしきりょう》の冒頭1詔書《しょうしょ》式《しき》条、天皇の命令のうち最上位の法には、重要性によって五種類の書出しが規定されるが、その一番目は次のようである。

明神《あきつみかみ》と御《あめのしたしろしめす》宇　日本の天皇《すめら》が詔旨《おおみこと》らまと、云々、咸《ことごとくにききたまえ》聞

これは漢字がならんでいるが、書き下したように漢文ではない。法の内容は「云々」というところにはいるが、そこも普通の漢文ではない。宣命体《せんみょうたい》という、読み上げる特別な日本語の文体である。法として地方に伝達するためには別に漢文で詔書をつくったとする説もあるが、律令国家の最上位の法様式は、口頭

で読み上げるものとして律令は規定したのである。公式令は役所どうしあるいは地方から中央への文書書式を規定するが、天皇の詔書だけは、「すめらみこと」の「みことのり」として口頭で「のる」必要があったことを示す。

法(令や式などさまざまな漢字も同じ)にあたる日本語は「のり」しかない。「のり」は天皇制の本質にかかわり、朝庭《ちょうてい》に列立する官人《かんじん》たちに、天皇の命令は「みことのり」として、音声で読み上げられた。官人の任官にあたっても、日本では唐と異なり、文書による辞令(告身《こくしん》)はつくられず、やはり宣命により口頭で発表、伝達された。音声言語には呪術《じゅじゅつ》的な力があったと考えられる。

天皇を支えたものは?

天皇の即位については、神祇令《じんぎりょう》13践祚《せんそ》条に、

凡《およ》そ践祚の日には、中臣《なかとみ》、天神《あまつかみ》の寿詞《よごと》を奏し、忌部《いんべ》、神璽《しんじ》の鏡剣《きょうけん》を上《たてまつ》れ。

と規定する。このような即位式が行なわれたのは持統《じとう》天皇のときがはじめてだが、ここから律令のもとで天皇はなにによって支えられたか考えることができる。中臣氏による天神の寿詞は、おそらく天つ日継《ひつぎ》の神話を言挙《ことあ》げし、「天つ

日嗣高御座《たかみくら》」▲と呼ばれる天皇の座の意味を確認する役割がある。つまり新天皇が高天原《たかまがはら》のアマテラス、その孫ニニギ以来の血統を継いでいて統治することを示すのである。

一方の忌部氏による鏡剣の奉上《ほうじょう》は、大化《たいか》前代に群臣《ぐんしん》と呼ばれる畿内豪族《きないごうぞく》が皇位継承者に鏡剣を奉り、それにより新大王が即位した伝統を継承している。公《く》式令《しきりょう》によれば五位以上の位記《いき》のみに内印《ないいん》（天皇御璽《ぎょじ》）が捺されることからも、天皇を支えたのは畿内豪族（氏）、五位以上官人の集団にあるのだろう。彼らが大王の即位を承認し、仕奉し（ツカヘマツリ）、大王は彼らにカバネを賜い地位（ツカサ）を認めるという、氏姓《しせい》制度の関係が生きていたのであろう。

この「神璽の鏡剣」とは、いわゆる三種《さんしゅ》の神器《じんぎ》▲のうちの八咫鏡《やたのかがみ》と天叢雲剣《あまのむらくものつるぎ》である。これは『記紀《きき》』神話のなかで天孫降臨《てんそんこうりん》にあたってアマテラスからニニギに「天の下」統治の正統性を示すものとしてあたえられたもので、それを新天皇に奉上することで即位の正統性を示したのである。ここからも天皇統治の正統性は、神話にあったことがわかるだろう。

このほか神祇令《じんぎりょう》には「凡そ大嘗《だいじょう》は、毎世一年、国司事行《こくしこと》え」と、いわゆる一代

▼**高御座**　天皇が即位式のときに登壇する八角形の壇で、今も京都御所《ごしょ》にある。元日朝賀《ちょうが》でも天皇は高御座に出御《しゅつぎょ》し、群臣が拝礼した。「天つ日嗣ぎ高御座」といわれることから、天孫降臨以来受け継がれた天皇位の象徴であった。

▼**三種の神器**　天皇位の印《しるし》として相伝《そうでん》された宝物《ほうもつ》。八咫鏡・草薙《くさなぎ》剣・八尺瓊勾玉《やさかにのまがたま》。『記紀』神話で起源が語られ、天孫降臨のときアマテラスからニニギに授けられたが、三種でなく二種とする伝承もある。

一度の大嘗祭《だいじょうさい》《おおんべのまつり》を定め、「凡そ天皇即位せば、惣《す》べて天神地祇《てんじんちぎ》を祭れ」と即位にあたって一代一度の全官社《かんしゃ》の班幣祭祀《はんぺいさいし》▲を定めるなど、神をまつることが天皇の重要な機能であったことはいうまでもないだろう。

天皇号の成立

以上みてきたように、天皇のあり方については、唐から輸入して唐の皇帝を模倣する新しい側面は少なく、古墳《こふん》時代以来の大王の位置づけと役割を継承し、氏姓制度のあり方に依拠していた。天皇制は、大宝《たいほう》律令において君主としての位置を制度化されたので、律令制によって成立したように考えられがちであるが、実際には天皇の周辺には固有な古い習俗がもっとも多く残存していた。天皇は、その本質にかかわって宗教的・神話的存在であり、さまざまなタブーに囲まれていたのだろう。それゆえ天皇について律令には規定できない部分が大きかったのである。

天皇号の成立については、近年は成立を引き下げ、七世紀後半の天武朝に成立したと考える説が有力であり、その場合は律令制の形成とは平行することに

▼班幣祭祀　神祇官に諸社の祝《いわい》を集め幣帛《へいはく》《みてぐら》を班《わか》つ律令制祭祀。毎年の祈年祭《きねんさい》《としごいのまつり》および天皇即位のときに全国を対象に行なわれ、月次祭《つきなみさい》などでは畿内《きない》の神社を対象にした。八世紀末に官幣《かんぺい》と国司が行なう国幣《こくへい》に分かれた。

なる。しかし天武朝説を積極的に推す根拠には現在では認めがたいものがあり（たとえば唐高宗《こうそう》の天皇号を模倣したとする説など）、「天寿国繡帳《てんじゅこくしゅうちょう》」▲などの推古《すいこ》朝《ちょう》のいくつかの銘文《めいぶん》や天智《てんじ》朝の「野中寺弥勒像《やちゅうじみろくぞう》」▲銘文に信憑性があることが認められ、七世紀初めの推古朝に定められたとの考え方もなお有力である。筆者は、七世紀初頭、第二回遣隋使《けんずいし》が提出した「日出《い》づる処《ところ》の天子《てんし》、書を日没《ぼっ》する処の天子に致《いた》す、恙無《つつがな》きや」で始まる国書《こくしょ》が隋煬帝《ようだい》の不興《ふきょう》を買い（これは『隋書』▲のみに記し、『日本書紀《にほんしょき》』には載せない）、翌年六〇八（推古十六）年にふたたび遣隋使を派遣したときの国書が「東の天皇、敬《つつし》みて西の皇帝に白《もう》す」であったと『日本書紀』が記すように、外交上用いるためあらたに考えだされた君主《くんしゅ》号が天皇であったのではないかと考えている。右に述べてきたように天皇制のもつ本質は律令制よりも古いものだったのである。

大宝・養老律令の編纂時には規定できなかった天皇であるが、奈良時代中期から平安時代の前期を通じて、天皇制の周辺にもようやく中国文明が浸透していき、天皇が法に規定されるようになっていく。

▼**天寿国繡帳**　飛鳥《あすか》時代の刺《し》繡《しゅう》作品、中宮寺《ちゅうぐうじ》蔵、国宝。聖徳《しょうとく》太子《たいし》没後、妃の橘大郎女《たちばなのおおいらつめ》が太子が往生《おうじょう》した天寿国のさまを刺繡させた。現在は本来のわずかな断片が鎌倉《かまくら》時代に補われた部分と貼りあわされている。銘文に天皇号がみえる（カバー裏写真参照）。

▼**野中寺弥勒像**　銅製鍍金《ときん》弥勒半跏《はんか》像、高さ三〇・九センチ。羽《は》曳野《びきの》市野中寺蔵。重要文化財。台座の丸框《かまち》に六二字の銘文があり、「丙寅年《へいいんのとし》」に「中宮《ちゅうぐう》天皇の大御身《おおみみ》労《いつ》き坐しし時」につくったとあり、六六六（天智五）年にあてられる。

▼**『隋書』**　隋王朝の歴史を記した正史《せいし》、八五巻。唐の初めに編纂《じょうがん》が命じられたが、六三六（貞観十）年に魏徴《ぎちょう》を中心に帝紀《ていき》・列伝《れつでん》が完成され、六五六（顕慶《けんけい》元）年に長孫《ちょうそん》無忌《むき》を代表に隋のほか南北朝《なんぼくちょう》五代の志《し》がつくられた。中華書局標点本が有用。

⑦——天平年間と礼の受容

吉備真備

七一七(養老《ようろう》元)年養老の遣唐使《けんとうし》で僧の玄昉《げんぼう》とともに渡唐した吉備真備《きびのまきび》は、七三五(天平《てんぴょう》七)年に帰国して、『唐礼百三十巻《とうれい》』以下の多くの書籍を朝廷《ちょうてい》に献上している。暦法《れきほう》・音楽理論書・武器類も持ち帰っているが、もっとも重要なのは『唐礼』である。これは、唐代に皇帝の命令で編纂された唐朝の典礼《てんれい》の規定で、礼とは『周礼《しゅらい》』『儀礼《ぎらい》』『礼記《らいき》』などの儒教《じゅきょう》の古典に基づく社会規範であるが、具体的には、吉礼《きつれい》(祭祀《さいし》)・賓礼《ひんれい》(外交儀礼)・軍礼(軍隊と戦争)・嘉礼《かれい》(冠婚)・凶礼《きょうれい》(喪葬)の五礼に分け、皇帝以下臣下《しんか》のさまざまな朝廷の儀式を規定している(一種の法律である)。このときに持ち帰ったのは、唐の六五八(顕慶《けんけい》三)年に施行された『顕慶礼』あるいは『永徽礼《えいき》』と呼ばれるものである。帰国直前の七三二(開元《かいげん》二十)年にあらたに『大唐開元礼《だいとうかいげんれい》』▲一五〇巻が施行されているが、これは最新の法典として輸出禁止だったためなのか、持ち帰れなかったらしい。真備は、こののち七五二(天平勝宝《しょうほう》四)年に遣唐使としてふたたび唐に渡り、翌々年帰国し

●——吉備真備(『吉備大臣入唐絵巻』部分)

▼『大唐開元礼』　唐王朝の礼典・儀式を定めた礼書。蕭嵩《しょうすう》らの撰、七三二(開元二十)年成立。序例・吉礼・賓礼・軍礼・嘉礼・凶礼に分けられ全一五〇巻。日本にもたらされ儀式の整備に活用された。汲古書院本が有用。

ているので、このときに『大唐開元礼』を持ち帰ったと考えられ、平安《へいあん》時代にはこれが日本では参照されている。

『楽書要録《がくしょようろく》』▲などの音楽関係も礼の一環であり、彼は儒教の礼について体系的に書物を収集したらしい。同行の玄昉は最新の一切経《いっさいきょう》五〇〇〇余巻を持ち帰ったことから、養老の遣唐使は典籍将来を大きな目的とし、儒教を中心とする一般典籍は真備の担当だったのであろう。

真備の漢籍収集は、のちに日本に流布した漢籍の祖本は吉備真備がもたらしたという伝承が生まれるほど画期的な出来事であった。真備の薨去《こうきょ》記事に付される伝記には、彼は唐で儒教の経典や史書を読み研究して、諸芸を広くおさめたとあり、「我が朝の学生にして名を唐国に播《ほどこ》すは、ただ大臣(真備)と朝衡《ちょうこう》(阿倍仲麻呂《べのなかまろ》、唐の太学《たいがく》に入学し官吏登用試験に合格《かんり》して唐で出世した)との二人のみ」(『続日本紀《しょくにほんぎ》』宝亀《ほうき》六年〈七七五〉十月)とたたえられるように、抜群の学識を誇ったのである。彼はただ書物を持ち帰っただけでなく、さまざまな器物とあわせて、具体的な儀式のあり方も含めて輸入しようとした。七四八(天平二十)年に大学《だいがく》寮《りょう》で行なう孔子《こうし》をまつる釈奠《せきてん》の儀が整っていなかったのを、器物を整え中国的

▼『楽書要録』　則天武后《そくてんぶこう》勅撰の音楽理論書。一〇巻(または七巻)。中国では早くに散佚したが、日本には巻五・六・七が伝存している。

な儀礼として整備したのも真備だった。孝謙《こうけん》天皇は、皇太子時代に真備を師として、『礼記』『漢書《かんじょ》』を教わっている。

礼と律令

真備が将来した礼とはなにか。日本では律令制という言葉を使うが、中国史ではあまり使わない。そもそも中国において、律令はその国制すべてを覆う法ではなかったからである。「礼」という家を基礎におく儒教的社会規範が、むしろ国制の基本的な部分を規定していたので、皇帝もまた儒教的な「礼」の秩序のなかにいた。皇帝の支配がおよぶところが「化《か》」であり、その外を「化外《けがい》」というが、この「化」の実体の一つが「礼」であろう。

律令は「礼」の秩序を基礎にして発達した法で、律は、皇帝の形成し維持する「礼」の秩序を侵害する者に対する処罰法として生まれ、令は、そうした「礼」の秩序を維持するための教化法として発達したとされる。律の冒頭には「十悪」(日本では「八虐《はちぎゃく》」)という特別な重罪として、国家への反逆罪とならんで、儒教の道徳を前提とする「不孝」などの罪があがる。したがって、「礼」が基本にあり、

●──八虐

謀反	天皇の殺害や国家の転覆を企てる罪
謀大逆	陵墓や皇居を破壊しようと企てる罪
謀叛	敵国との内通・亡命・降伏・開城などをはかる罪
悪逆	祖父母・父母を殴打して殺そうと企てたり，尊属を殺害する罪
不道	一家３人以上を殺したり，尊属の殴打・告訴・殺害をはかる罪
大不敬	神社を壊したり，神宝・祭具を盗んだり，勅使に反抗したりする罪
不孝	祖父母・父母を訴え呪ったり，籍を別にしたり，財産を異にしたりする罪
不義	主人・国守・自分の師を殺したり，夫の喪中に再婚したりする罪

中国では律令は国制《こくせい》の一部を規定していたにすぎないといえる。

律についてここでふれておけば、現在伝わる養老律▲は、一二篇目のうちの五篇目の全部または一部であり、約四分の一にすぎない。ただし逸文の集成により全体像を把握することができて、それによればほぼ唐律の条文をそのまま引き継ぎ、罪名を少し変え、刑が一、二等唐律より軽くなっているという特色がある。唐律はきわめて緻密に組み上げられた刑法体系であり、令の継受とは異なりほぼそのままの構成を受け継いだのである。ただし宗教や祭祀のあり方などの違いから唐律の一条分を削除したものがある。「十悪」は「八虐」として継受し、その範囲では「礼」を一部受容している。

とくに戸婚《ここん》律は、戸口と婚姻についての規定であり、中国の「礼」にもとづく家族・婚姻のあり方をもとにしている。そして日本戸婚律もほぼ唐律の規定を受け継いでいる。しかし古代日本は社会構造も違っていて、氏族《しぞく》制が強く残り、家族のあり方も異なるので、「礼」の秩序を受容する素地もなく、戸婚律のなかには実際に機能していない規定も多い。

したがって日本は、「礼」は受容せず、原則として律令を「礼」から切り離し、

▼**養老律**　以下の一二篇目からなる(唐律は五〇二条)。名例《みょうれい》(前半が伝存、以下同じ)、衛禁《えごん》(後半)、職制《しきせい》(全部)、戸婚、厩庫《くこ》、擅興《せんこう》、賊盗《ぞくとう》(全部)、闘訟《とうしょう》(一部)、詐偽《さぎ》、雑律《ぞうりつ》、捕亡《ほぼう》、断獄《だんごく》。

それだけを国家を統治する技術である行政法として輸入したといえる。まったく発展段階の異なる古代の日本が、なぜ高度な文明を発達させた唐の律令を全面的に受容することが可能になったのかについて、吉田孝氏は、唐の律令法は、中国固有の民族的要素を「礼」で規定していたため、そもそも純粋な統治技術という側面があり、それが日本が律令を取り入れることを可能にした背景だと述べている。

しかし日本でも律令の基礎にある「礼」を取り入れようという動きが、奈良時代の半ばになると吉備真備をはじめとして起きてくる。それはある意味で古代日本の文明化でもあり、広い意味では律令制の受容の第二段階ともいえる。

天皇の礼服

ここでは「礼」の一環として、天皇の衣服を取り上げてみよう。大宝《たいほう》・養老律令を制定した時点では、皇太子以下臣下は礼服《らいふく》といって中国的な正装を着ることを定めたが、天皇は日本固有の服装で、中国的な服装を着ることは想定されていなかった。ところが聖武《しょうむ》天皇が中国的な服をはじめて着た。『続日本紀』には、天平四年(七三二)の元日朝賀《ちょうが》に「初めて冕服《べんぷく》を着た」とみえる。「冕」とは冕冠《べんかん》という平らな板を載せて前後に玉を貫いた旒《りゅう》をたらした中国の皇帝がかぶる冠のことで、中国的な服と考えられるが、これは真備帰国以前のことであり、具体的にどのようなものだったのか、本当に中国的なものかはよくわからない。ただし聖武天皇は、真備の影響を受ける前から、仏教だけでなく儒教も用いて、それまでの伝統的な天皇像からの脱却をめざしていたらしい。

写経《しゃきょう》事業では、仏典にまじってそれ以外の一般典籍(外典)の書写もときどき行なわれているが、『正倉院文書《しょうそういんもんじょ》』の天平二十年(七四八)に書写のために請求している書物のリストに、『古今《ここん》冠冕図一巻』がみえる。これは歴代中国皇帝が用いた礼服用の冕冠の図で、おそらくは吉備真備が『唐礼』とともにその補助資料として持ち帰ったもので、日本に冕冠がどのようなものかは伝わっていた。

具体的に天皇の服装がわかるのは、七五二(天平勝宝四)年に行なわれた東大《とうだい》寺大仏開眼会《じだいぶつかいげんえ》のときで、律令国家でもっとも重要な儀式である元日朝賀と同じ儀式とされ、五位以上の官人は礼服を着した。このとき孝謙天皇がどのような服を着ていたかが問題である。これは聖武天皇の念願達成のときで、すでに譲

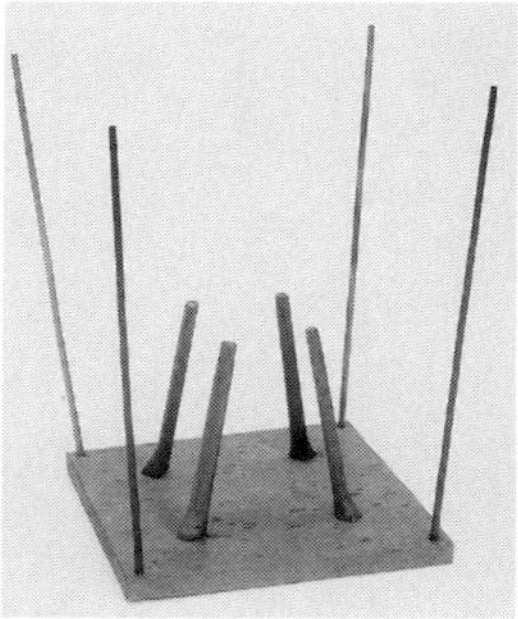

●—聖武（おそらく孝謙）天皇の冠架（正倉院宝物）

位していた聖武太上《だいじょう》天皇と光明《こうみょう》皇后も臨席していた。このときの三人の礼冠と聖武と光明の礼服は、ほかの大仏開眼会の関係の品々と一緒に正倉院に奉献された。その礼冠は破損して現在は残闕となっているが、精緻な金具やたくさんの真珠やガラス玉が伝わる。さらに冠の箱やそのなかで冠を安置する冠架《かんむりかけ》も伝わっていて、本来の形を伝える目録の文書もあり、孝謙天皇の礼冠は、平らな板がつき旒がある冕冠だったと考えられる。

一方、彼女の着ていた服については、正倉院にはおさめられなかったが、平安時代においても女帝の礼服は「白き御衣《おんぞ》」とされて、宮中《きゅうちゅう》に保管されていた。したがって古代最後の女帝である孝謙は、中国的な赤色で一二の文様のある服ではなくて白色の服を着ていたと考えられる。これは、天皇の伝統的な神祭り用の白の帛衣《はくい》だったので、東大寺大仏開眼会に際して、孝謙女帝は、中国的な一二旒がある冕冠をかぶりながら、神事《しんじ》用の白色の服を着ているというアンバランスな光景だった。これは女帝だからシャーマン的伝統があった例外と考える余地もあるが、このときの聖武太上天皇の着ていた服もあるときまで正倉院に伝わっていて、白色の服だったらしい。

●——敦煌220窟の唐皇帝図（沈従文『中国古代服飾研究』より）

●——孝明天皇の礼服（大袖）

奈良時代の半ばには、天皇は冠だけ中国的礼服のあり方を取り入れ、服についてはなお伝統的な服を着ていて、いわば未開と文明が同居していた。この光景は、天皇が大和《やまと》政権以来の天皇霊を保ちながら、律令法の枠を超えて唐の皇帝をめざして急速に中国文明を受容しつつある、天平勝宝年間(七四九～七五七)の過渡的な様相を示している。唐の皇帝の服は、袞衣《こんい》といって、竜のぬいとりのある服に日《じつ》・月・七星など一二の文様を著わした赤い服であるが、やがて日本の天皇はこの服を着るようになり、八二〇(弘仁《こうにん》十一)年になって、天皇の服について、元日朝賀と即位式には袞冕十二章《こんべんじゅうにしょう》▲という中国的な冠と服、それ以外の大きな政務に黄櫨染《こうろぜん》の衣《ころも》、大小の神事には白の帛衣と使い分けが定められる。ここにいたって天皇は中国的な礼服を即位と元日朝賀という律令国家最大の儀式において着用し、天皇の正装が定まる。このことは唐の衣服令に規定があったけれども大宝・養老律令編纂時には規定できなかったものを、約一〇〇年遅れてようやく受容することができたということである。

もちろん天皇の神をまつるという本質的機能は残っていて、祭祀のときには伝統的な白の帛衣を着ると規定されたのである。

▼**袞冕十二章**　天皇が着用した礼服。冕冠に一二の旒をたらし、赤地の大袖《おおそで》と裳に日・月・七星・山・竜・火・華虫《かちゅう》(雉《きじ》)・宗彝《そうい》(虎・猿)・藻《そう》・粉米《ふんべい》などの一二の呪術《じゅじゅつ》的文様を刺繡する。中国の皇帝が着用した伝統的な祭祀用服装である(前ページ図参照)。

天平年間の歴史的意義

律令国家は、口分田《くぶんでん》不足と財源確保のために田地の拡大をはかり、一〇〇万町《ちょう》歩《ぶ》の開墾計画をだし、七二三(養老七)年には三世一身法《さんぜいっしんのほう》を定め、一定期間田地の保有を認めることで人びとに開墾を奨励した。さらに七四三(天平十五)年には墾田永世私財法《こんでんえいせいしざいほう》を発布し、位階《いかい》に応じて面積を限り、国司《こくし》に申請して開墾の許可をえて、一定期間内に開墾すれば、その田地を永久に私有することを認めた。墾田は租をおさめる輸租田《ゆそでん》であるが、班田収授《はんでんしゅうじゅ》の対象にならず、この法律は従来公地公民制《こうちこうみんせい》の崩壊の指標だと考えられてきた。

これに対して吉田孝氏は、墾田永世私財法と日唐の土地制度の緻密な分析から、たしかに墾田の収公《しゅうこう》政策を放棄したが、墾田の占有面積は位階など律令官《かん》人《じん》制の身分に応じて制限額が設定され、けっして律令制の原理に反しているのではなく、本来開墾することを原則とした唐の官人永業田《えいぎょうでん》の制度(大宝・養老田令《でんりょう》が継受しなかった)に対応していると指摘した。田令が規定する位田《いでん》などの階層的秩序を墾田も含めて再編成している。律令の班田制は熟田だけを対象として未墾地は把握していなかった。開墾地の占定《せんてい》手続きを明確にしてそうした欠陥を補い、律令国家の基礎を未墾地を含むものに拡大したのである。

開墾された田は輸租田として田図《でんず》に登録され、七四二(天平十四)年以降の四つの田図が四証図《ししょうず》とされ、墾田を含めた全国の耕地を政府が把握するようになった。七三六(天平八)年には浮浪人帳《ふろうにんちょう》をつくり、浮浪人の把握が進んでいくことや、公出挙《くすいこ》▲の拡大とあわせて、天平年間(七二九〜七四九)に律令国家の基盤が拡大していく、律令制が氏族制的な社会に本格的に浸透しはじめると評価したのである。律令制の原則では口分田は「私田」に分類されるのだが、奈良時代後半以降、口分田を含める広義の「公田」の用例が一般的になり、むしろ公地公民制の「公」に近い理解が広まるのである。

また地方財政の財源としては、田租を貯蓄した大税が国司の管理のもとにあったが、それ以外のさまざまな用途にあてられる稲が、七三四(天平六)年に吸収されて国府《こくふ》の単独財源である正税《しょうぜい》が成立する(官稲混合《かんとうこんごう》▲という)。

儀制令《ぎせいりょう》18元日国司条によれば、毎年元日には国庁《こくちょう》で国司と郡司《ぐんじ》は朝廷を遥拝《ようはい》し、さらに国司長官に対して郡司が拝礼する。これは地方豪族《ごうぞく》の郡司が、天皇とそのミコトモチとしての国司に対して服属を示す儀式であるが、その経費は

▼**公出挙**　律令制下、雑税として機能した国家による稲の借貸制度。諸国の郡衙《ぐんが》にたくわえられた穎稲《えいとう》を、春夏の二回貸しつけ、秋の収穫時に五割(のち三割)の利稲とともに回収した。国衙《こくが》の主要財源となった。

▼**官稲混合**　七三四(天平六)年駅起稲《えききとう》などを除き、郡稲を中心とする雑官稲を大税と一括して運用することとした施策。郡稲などへの郡司が伝統的にもっていた影響力を排除し、国司管理下の正税という財源をつくった。

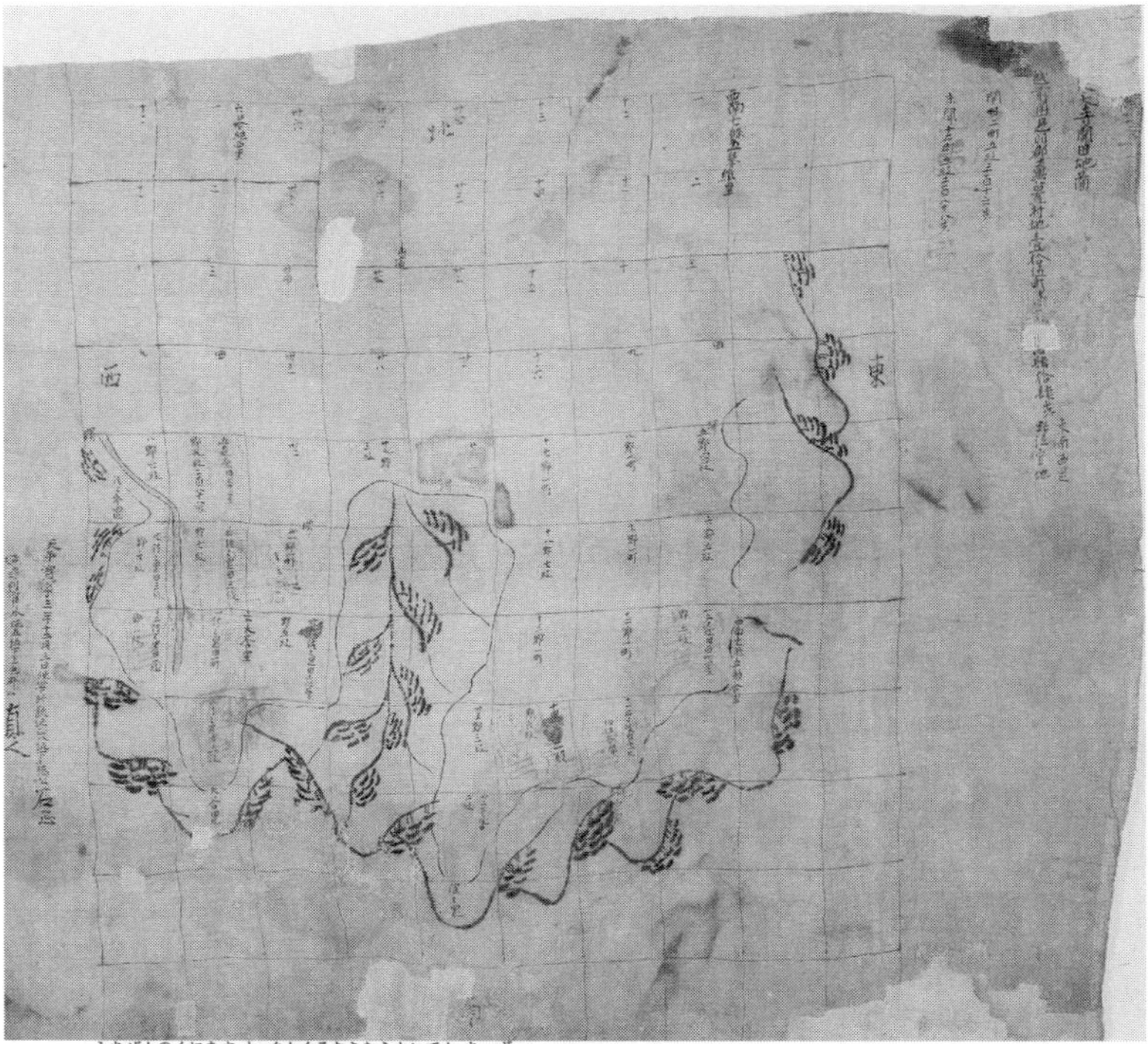

●─「越前《えちぜん》国《のくに》足羽《あすわ》郡《ぐん》糞置《くそおき》村《むら》開田《かいでん》地図《ちず》」(天平宝字３〈759〉年。正倉院宝物)

●─律令国家の土地制度

口分田	良民男子(６歳以上)←田２段(約24ａ) 良民女子(６歳以上)←田１段120歩(約16ａ)	輸租田
位　田	五位以上の有位者←位階に応じて８～80町	輸租田
賜　田	天皇の勅により特別に賜与された田地	輸租田
功　田	大功田(永代所有が可) 上功田(曽孫の代までの所有が可) 中功田(孫の代までの所有が可) 小功田(子の代までの所有が可)	輸租田
職　田 (職分田)	郡司(大領６町，少領４町，主政・主帳各２町)	輸租田
職　田 (職分田)	官職に応じて支給される 太政大臣←40町(約48ha) 左右大臣←30町(約36ha) 大納言←20町(約24ha) 大宰帥←10町(約12ha) 国司の守(大国)←２町６段(約3.1ha)	不輸租田
寺　田 神　田	寺院 神社 }寺社の用にあてる田地で永代所有できる	不輸租田
乗　田	口分田班給後の剰余地。賃租(期限付きで貸し，収穫の５分の１を地子としてとる)に出す	輸地子田

●――下野《しもつけ》国庁（復原模型）

「郡稲《ぐんとう》」から支出されていた。郡稲は、郡司の影響力が強い稲であり、かつての国造が朝廷に奉仕するための稲を継承していると考えられる。この郡稲が正税に吸収されたことは、国造制の構造が律令国家のなかに吸収されていくことであり、国司の支配の拡大をもたらしたと評価できよう。

かつて、律令国家は重税に苦しむ人民の逃亡などの抵抗によって崩壊すると考えられていた。たしかに郡司などの伝統的権力に依存していた部分は大きく変質するのだが、それをただ崩壊とするのはごく表面的な見方にすぎず、律令制の意義をより長い スパンで考えることが重要なのである。

⑧——天皇制の唐風化、儀式書と格式の編纂

藤原仲麻呂の政策

聖武《しょうむ》天皇が七四九(天平勝宝元《てんぴょうしょうほう》)年に退位したのちは、権力を握る光明皇太后《こうみょうこうたいごう》に結びついた甥の藤原仲麻呂《ふじわらのなかまろ》が権力を握った。彼は若くから学問に関心が深く、聡敏《そうびん》で「略書記《ほぼしょき》に渉《わた》る」(群書を広く読んだ)とたたえられた人物で、彼が儒教《じゅきょう》に基づく唐風化《とうふうか》政策を推し進めた。のちに孝謙上皇《こうけんじょうこう》が仲麻呂が即位させた淳仁《じゅんにん》天皇と対立し、仲麻呂は反乱を起こして滅ぼされ、その時代の政策は撤回されるものが多いため、仲麻呂の政策は、太政官《だいじょうかん》や八省《はっしょう》の官名▲を中国的なものにした例(太政官→乾政官《かんせいかん》、民部《みんぶ》省→仁部《にんぶ》省)など、彼の個人的な中国かぶれの趣味による表面的なものとみなされて、評価されない傾向がある。しかし実際には、古代国家が礼に代表される儒教的な中国文化を取り入れていく大きなステップだった。

天皇の呼び名を取り上げてみる。天皇の名前は、漢字二字で呼ぶのが普通だが、実は最初からそうだったわけではない。たとえば神武《じんむ》天皇にしても、天武《てんむ》

▼**官名改易**　七五八(天平宝字二)年八月に仲麻呂の発案で、唐の玄宗などの例に倣おうと改めた。太政官・民部省のほか、紫微中台《しびちゅうだい》→坤宮官《こんぐうかん》、中務《なかつかさ》省→信部《しんぶ》省、式部《しきぶ》省→文部《ぶんぶ》省、治部《じぶ》省→礼部《れいぶ》省、図書寮《ずしょりょう》→内史局《ないしきょく》、陰陽寮《おんみょう》→大史《たいし》局など。

天皇にしても、『日本書紀《にほんしょき》』にはそのような呼び名はみえない（後世追記されたものである）。『日本書紀』では、カムヤマトイワレヒコ（神倭磐余彦）天皇とかアマノヌナカハラオキノマヒト（天渟中原瀛真人）天皇とか日本語でつくられた名前（和風諡号《しごう》という）がでてくるので、神武とか天武とかの漢字二字の呼び名（漢風諡号という）がつくられたのは、八世紀後半の仲麻呂政権のもとであった。

七五八（天平宝字《ほうじ》二）年、孝謙天皇の譲位《じょうい》と淳仁天皇の即位を受けて、官人《かんじん》たちと僧侶とが上表《じょうひょう》して、孝謙に「宝字称徳《しょうとく》孝謙皇帝」という尊号《そんごう》をたてまつり、またすでになくなっていた聖武天皇にも「勝宝感神《かんじん》聖武皇帝」という尊号を贈っている。尊号とは存命中の皇帝の徳や業績をたたえてたてまつる称号であり、唐代に特徴的なもので、七世紀末の則天武后《そくてんぶこう》から八世紀半ばの玄宗《げんそう》皇帝のころに流行して、儒教の徳目《とくもく》などをならべた長い尊号がたてまつられた。日本でそれまで例のなかった尊号の奉呈《ほうてい》は、明らかに唐の最新文化をいち早く導入したものである。

尊号奉呈は、こののちにはみえず、仲麻呂政権下の特殊事例であるが、しかし孝謙天皇・聖武天皇という漢風諡号が、この尊号からつくられたことは明白である。さらにそれ以前の天皇の、神武・仁徳《にんとく》・孝徳《こうとく》などの漢風諡号は、七六二〜七六四(天平宝字六〜八)年に奈良時代を代表する学者である淡海御船《おうみのみふね》が勅《ちょく》を受けてつくったとされる。儒教の徳目を中心とする共通する命名法からも、この尊号と一連の流れのなかにあるだろう。日本の天皇の名前はそれまでは日本語のおくり名しかなかったのが、漢字によって表記されるようになったのは、唐風化の一つの象徴である。

さらに同じ七五八年の正月の初《はつ》の子《ね》の日《ひ》に、中国皇帝と同じ籍田《せきでん》・親蚕《しんさん》の儀式を行なったことが、正倉院宝物《しょうそういんほうもつ》に残るそのとき使われた道具から知られる。籍田というのは皇帝みずから田を耕して、豊作を祈る儀式で、親蚕というのは皇后がみずから蚕を飼って、絹がとれることを祈る儀式で、中国では古くから行なわれた。日本の天皇制には、天皇みずから耕作するのはなじまなかったようで、平安《へいあん》時代以降朝廷での年中行事となることはなかったが(近代には行なわれる)、やはり仲麻呂の時代の天皇制が中国文明を受容した一例である。

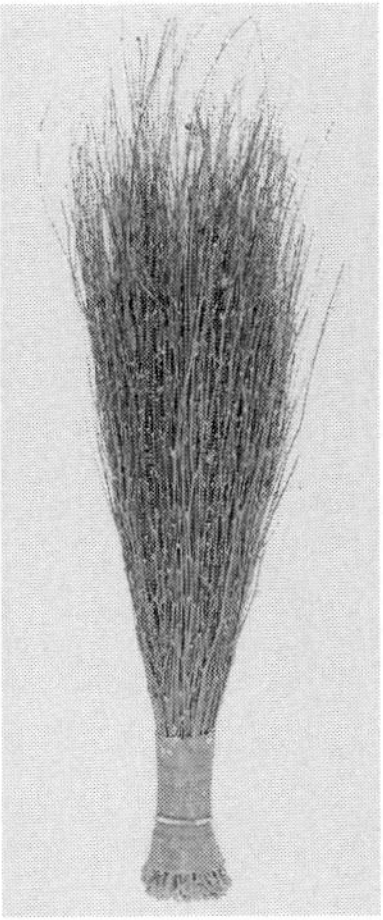

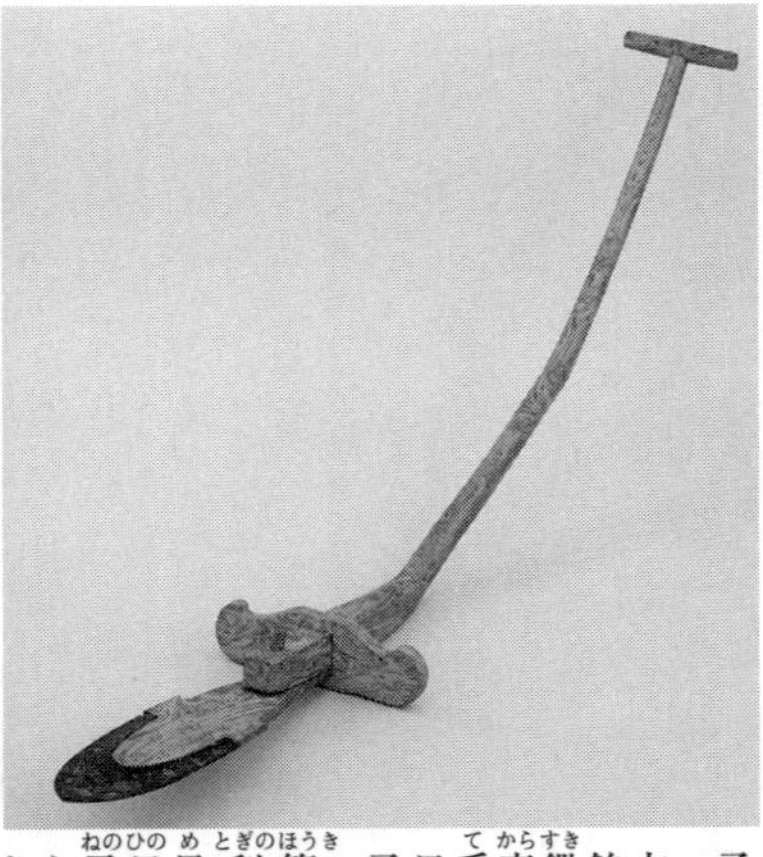

●──籍田・親蚕の道具(正倉院宝物。左から子日《ねのひの》目《め》利《とぎの》箒《ほうき》，子日手《て》辛鋤《からすき》銘文，子日手辛鋤)

●──宮城門号の配置

門の位置		長岡宮	平安宮	
		弘仁式	818年以前	818年以後
			貞観式	延喜式
東面	北	県犬養門	山　門	陽明門
	中央	山　門	建部門	待賢門
	南	建部門	的門	郁芳門
南面	東	壬生門	壬生門	美福門
	中央	大伴門	大伴門	朱雀門
	西	若犬養門	若犬養門	皇嘉門
西面	南	玉手門	玉手門	談天門
	中央	佐伯門	佐伯門	藻壁門
	北	伊福部門	伊福部門	殷富門
北面	西	海犬養門	海犬養門	安嘉門
	中央	猪使門	猪使門	偉鑒門
	東	丹比門	丹比門	達智門

今泉隆雄『古代宮都の研究』より。藤原宮・平城宮の門号についてはいくつか判明しているものもあるが，なお不明な点が多い。

●──北京の天壇

天の祭祀と拝礼

七八一(天応元《てんのう》)年に即位した桓武《かんむ》天皇は、母親が帰化人《きかじん》の出身であり、血統のうえでは劣っていたこともあり、従来の神話と血統による天皇の権威付けと異なる権威を求めた。天武系から天智《てんじ》系にかわったこともあり新しい王朝を開いたという意識が強かった。平城京《へいじょうきょう》をすてて山背国《やましろのくに》の長岡《ながおか》京そして平安京へ遷都《せんと》したのもそうした意識の現れであろう。桓武天皇は、長岡遷都ののち、七八五、七八七(延暦《えんりゃく》四、六)年の冬至の日に、昊天上帝《こうてんじょうてい》を南郊の円形の壇でまつる祭祀《さいし》(郊祀《こうし》)を長岡京の南の交野《かたの》で行なった。昊天上帝とは、中国の天、天帝のことで、ほぼ唐の天帝祝文《しゅくもん》(『大唐郊祀録《だいとうこうしろく》』)と同文の祭文《さいもん》をつくり、動物の犠牲をささげて火を焚いて天をまつり、あわせて父の光仁《こうにん》を神に配してまつった(『続日本紀《しょくにほんぎ》』延暦六年十一月甲寅条)。

中国での皇帝祭祀のなかでもっとも重要なものが天をまつる郊祀で、それを日本でも行なったのである。こののちには文徳《もんとく》天皇が八五六(斉衡《さいこう》三)年郊祀を行なったことがみえるだけで、天の祭祀は日本には定着しなかったが、桓武天皇は中国と同じように天帝を天皇支配の権威の基礎におこうとした。同じように中国的な祭祀として、皇帝の祖先をまつる宗廟《そうびょう》祭祀があるが、このころから伊勢《いせ》神宮が天皇家の宗廟として位置づけられるようになる。

八世紀末から九世紀初めにかけて、さまざまな儀式のあり方、とくに元日朝賀《ちょうが》▲や、その中心的行為である拝礼《はいれい》の方式が変わっていく。それまでは跪礼《きれい》といってひざまずいてひざと掌《てのひら》を地面につけて拝んでいたのが、立礼《りつれい》という立ったままお辞儀をする形に変わる。

元日の拝礼は、儀制令《ぎせいりょう》にとくに規定されるように日本独自の重要性をもつが、そのあり方は独特なもので、政治の場での習俗は「まつりごと」といわれて祭政一致的性格を残す古代においては同時に宗教的なものであった。おがむ方式も、それまでは四拝拍手《しはいはくしゅ》という四回天皇をおがみそのたびに拍手する、現在でも出雲大社《いずもたいしゃ》など一部の神社で行なわれている神を拝すると同じあり方だったが、これを二回拝礼し手をくんで袖《そで》を左右にふる中国と同じ「再拝舞踏《さいはいぶとう》」というあり方に改める。桓武天皇の七九九(延暦十八)年の元日朝賀では、渤海《ぼっかい》からの使いが参列していたため、四拝拍手をやめて再拝にしている。日本の土俗的な習俗は、外国人にみせるのは恥ずかしいと中国と同じ拝礼にしたのであろう。この

▼**元日朝賀**　律令制下、中央・地方の官人が、大極殿《だいごくでん》あるいは国衙《こくが》において正月元日に行なった拝礼。朝拝《ちょうはい》(みかどおがみ)ともいう。即位式と同じ儀式であり、平安初期に唐風に改められるまでは、日本独自の神への拝礼と共通する作法であった。

あと九世紀初めにかけて「再拝」が定着していく。

もっとも四拝拍手は、大嘗祭《だいじょうさい》《おおんべのまつり》などの神事《しんじ》においてはその後も行なわれる。天皇の本質にかかわる神祭りの場面では必要だったのである。しかしそれ以外の儀式では、天皇の宗教的あるいは神話的特質は薄められ、中国的な「礼」が取り入れられていく。嵯峨《さが》天皇の八二〇(弘仁《こうにん》十一)年になって、元日朝賀と即位式での前述の衮冕十二章《こんべんじゅうにしょう》の着用が定められ、それまでの正装だった白色の帛《はく》衣《い》は大小の神事に用いるものと定められるのである。

その前々年の八一八(弘仁九)年には儀式の礼法や男女の衣服を唐法によるようにという詔《みことのり》がでている。また同じ年あわせて平安宮《へいあんきゅう》の殿閣や諸門の号を改めて、新しい額をつけるとある。奈良の平城宮《へいじょうきゅう》の建物の名前は不明なのだが、紫宸殿《ししんでん》・仁寿殿《じじゅうでん》などの中国的な名称はこのときつけられたと考えられる。その意義をよく示すのは、宮城十二門《きゅうじょうじゅうにもん》という宮を囲む大垣に開かれた門の名である。平城宮までは、佐伯《さえき》門・伊福部《いふきべ》門など、かつて門の守衛にあたった軍事関係氏族《しぞく》の名前がついていたのが、このときに藻壁《そうへき》門・殷富《いんぷ》門になる。南の中心にあたる門は、最大の軍事氏族である大伴氏《おおともし》の名前を付した大伴門が、このときに応天門《おうてんもん》に変わった(門の位置が一つ内側の朝堂院《ちょうどういん》の南門にかわる)。発音が近くて美しい漢字の名前、中国的な門名に改められたことは、大和朝廷《やまとちょうてい》以来の氏族制の伝統が終ったということなのである(七六ページ表参照)。

儀式書の編纂

このような朝廷の儀式の唐風化は、儀式書の編纂という形で、唐礼を踏まえながら制度化され定着する。儀式書というのは、さまざまな儀式の具体的なしつらえや式次第を定めたもので、とくに九世紀のそれは公的に編纂されたので、国家的規範として法律のような意味をもつ。八世紀初めには継受できず、吉備《きびの》真備《まきび》がもたらした唐礼が、九世紀にはいってようやく宮廷《きゅうてい》社会の具体的な規範として取り入れられていった。

現存する『内裏式《だいりしき》』三巻は、嵯峨天皇の勅命《ちょくめい》によって編纂され、八二一(弘仁十二)年に藤原冬嗣《ふゆつぐ》らが条定し、八三三(天長《てんちょう》十)年に改修を加えたものである。ただし節会《せちえ》を中心に限られた儀式(一三項目の年中行事と四項目の臨時行事)のみを取り上げたもので、それ以外の部分は先行する儀式書(旧章『内裏式』と呼ばれ、一部が『内裏儀式』として伝わる)が生きていたと考えられる。『内裏式』は、さきの八一八(弘仁九)年の儀礼や拝礼方式の唐法への改訂を受けて、元日の「元正受群臣朝賀式《がんしょうじゅぐんしん》」をはじめとする節会などの儀式を唐礼をモデルとして整備したものと考えられる。

そこに記されている元日朝賀、およびまったく同じ儀式である即位式は、きわめて中国的な儀礼になっている。そのため天皇即位式は、中国的な新しい儀礼(大嘗祭が古い儀礼)だと考えられてきた。しかし、それは平安時代初期に起きた唐風化の結果であり、それ以前の奈良時代の天皇即位のあり方は実はわからない。拝礼の仕方の変化からもうかがえるように、おそらく大きく異なっていて、天皇の周辺にはきわめて古いあり方が奈良時代まで続いていたのだろう。

九世紀後半の清和《せいわ》天皇の時代、八七二(貞観《じょうがん》十四)年以降につくられた『貞観儀式』は、現存する『儀式』一〇巻がそれであると考えられる。この『儀式』は、最初に唐礼の吉例にあたる神事・祭礼・仏事、ついで嘉礼《かれい》にあたる国家的儀式(政務など)、末尾に凶礼《きょうれい》にあたる喪葬関係の儀式を配しているように、中国における『大唐開元礼《だいとうかいげんれい》』などの唐礼を模範として編纂されたことがわかる。すべての儀礼を輸入したわけではないが、一部分はまったく模倣したものもある。儀礼をはじめとする宮廷文化の唐風化は九世紀後半の貞観年間（八五九〜八七七）にその頂点を迎える。

格式法

九世紀には、さらに格式《きゃくしき》が編纂される。弘仁・貞観・延喜《えんぎ》の三代の格と式である。格とは、律令を修正する単行法令を集めたもの、式とは各役所ごとの細かな施行細則を集めたものであるが、唐では本来律令と格式は同時に編纂されて、あい補いあうものだった。ところが日本では、八世紀には律令だけが編纂され、九世紀には律令は編纂されず、格式だけが編纂された。このことは格式のもつ歴史的意義が律令と違うというか、律令国家が変化した一定の歴史的段階を示している。個々の格式の編纂過程とその特色については、紙数の関係で省略するが、格は官司《かんし》別に編成されているため、その不便さから十一世紀になって事項別に三代の格をまとめて編集した『類聚三代格《るいじゅうさんだいきゃく》』が編纂されて、これが今日まで伝わる。新訂増補国史大系《こくしたいけい》本の巻次をみると半分近くが欠けているようにみえるが、実際には全体の八、九割は残っている。

その一つの意味として、天皇制が中国的「礼」を取り入れることを背景に、はじめて天皇をも拘束する法が登場したことがあげられる。右に述べた元日朝賀と即位式での衮冕十二章の着用や、大小の神事での白の帛衣の使用など天皇・皇后・皇太子の服を定めた嵯峨天皇の八二〇(弘仁十一)年の詔は、『貞観式』の臨時格という篇目におさめられたのである。

また式は、『弘仁式』が一部伝わるが、完全な形を伝えるのは『延喜式』▲だけである。具体的な儀式の運営法が定められ、儀式書とあい補う部分もある。大学《だいがく》寮《りょう》式《しき》に定める孔子《こうし》をまつる釈奠《せきてん》の祭りの仕方は、まったく『大唐開元礼』と同文である。『延喜式』は、醍醐《だいご》天皇が九〇五(延喜五)年に藤原時平《ときひら》に編纂を命じたが順調には進まず、九二七(延長《えんちょう》五)年に忠平《ただひら》らにより撰進された。しかしその後も修訂作業は続き、施行されたのは村上《むらかみ》天皇死後の九六七(康保《こうほ》四)年のことであり、醍醐・村上による文化事業という側面が強く、延喜年間(九〇一〜九二三)の現実に効力をもつ現行法という側面は少ない。しかし『延喜式』は、その後も摂関期《せっかんき》を通じて規範としては大きな意味をもった。

▼『延喜式』　九二七(延長五)年、藤原忠平ほか四人による撰進。五〇巻。神祇官《じんぎかん》以下律令官制の順に配列される。先行する『弘仁式』四〇巻とその改訂増補部分だけを集めた『貞観式』二〇巻の両者を検索する不便のため、唐の式に準じてあわせて一部の式にすることを目的としたので、条文ごとに八〜九世紀の異なる時点に成立した単行法という性格をもつ。

格式法と儀式書の歴史的意義としては、律令制の変化に対応するあらたな支配の方式（たとえば国司《こくし》による地方支配）や平安時代におけるあらたな政治的儀式のあり方を定めたことがあげられるが、それ以外の要素として、『大唐開元礼』などの唐礼を参照しながら日本的な儀礼（あるいは礼）をつくりあげたことをあげることができる。それは、それまで神話に覆われ宗教的な意味をもっていた天皇制を大きく変質させ、文明化していったのである。

⑨—律令制の意義

律令制と「古典的国制」

律令国家の成立は、古代国家の成立とイコールではないが、日本古代国家の枠組みを大きく規定したといえる。七世紀後半から八世紀初めにかけてつくられた律令法は、それ以前の推古朝《すいこちょう》以来の大和朝廷《やまとちょうてい》の氏姓《しせい》制度に基づく国家のあり方を受け継いだ部分が多く、律令制導入以前の固有法的部分と、隋《ずい》・唐《とう》の律令法から輸入された統治技術など継受法の部分とが組み合わさっていたといえるだろう。

八世紀後半以降、律令が編纂されることはないので、律令制は変質あるいは衰退していくという考え方が通説であろうが、実際には隋・唐から継受できなかった部分を輸入したり、当初は律令と分離して導入しなかった「礼」を導入したりして、律令制は展開していったということができる。

律令制の基礎には氏族《しぞく》制的な部分、とくに郡司《ぐんじ》に代表される在地首長《ざいちしゅちょう》の伝統的支配があったが、国司《こくし》に代表される中央からの官人《かんじん》による地方の把握が進んでいき、郡司の伝統的権力は弱められていく。

天皇についていえば、大宝《たいほう》・養老《ようろう》律令の段階では、なお神話や固有の宗教的タブーにつつまれている存在であった。八世紀後半から唐礼の継受を踏まえ唐風化が進み、変質していく。天皇の人格的な、あるいは宗教的な力を前提に統治や官人編成が可能になっていたのが、制度化・機関化が進んでいく。九世紀前半には桓武《かんむ》・嵯峨《さが》天皇などが中国的な専制君主《せんせいくんしゅ》をめざし、有能な学者官人の登用を進めたが、結局は藤原北家《ふじわらほっけ》を中心とする貴族《きぞく》に圧倒されていく。その変化を象徴するのが、清和《せいわ》天皇が九歳で即位したことが示す天皇の幼帝化であろう。実際の権力は摂政《せっしょう》・関白《かんぱく》をはじめとする公卿《くぎょう》など宮廷《きゅうてい》貴族が握る体制が成立するのである。

吉田孝氏は、こうしてヤマトの「古典的国制《こくせい》」が成立する、とする。九世紀に律令法のなかで青写真的に先取りされた古代国家の内実が実質的に形成されていき、安定したレジームを生み出し、諸身分を統合する機能を中心とする天皇のあり方が成立してくるのである。

その指標として、(1)天皇を国家の核とし、摂政・関白、院《いん》、征夷大将軍《せいいたいしょうぐん》などがその権力を代行する、(2)五畿七道諸国《ごきしちどう》からなる大八洲《おおやしま》を領域とする、(3)イエの制度、(4)同じ言語(ヤマト言葉、仮名《かな》文字と漢字の併用)の使用、(5)宗教意識の基層としての神仏習合《しんぶつしゅうごう》と『古今和歌集《こきんわかしゅう》』に代表される自然観・美意識、をあげ、ヤマトの古典的な国制・文化の枠組みを論じたのである。

筆者自身は、九世紀を通じて行なわれた律令制や礼の受容を踏まえ、十世紀になると中国文化の輸入も一段落して、それを日本的に受容した安定した国制、貴族社会が形成されていき、摂関期《せっかんき》の国家を律令国家のいわば第二段階といえるだろうと考えているので、安定したレジームの成立時期としては十世紀後半のほうがふさわしいと思っている。また後世、日本ののちの歴史への規範となるものを古典というのであれば、藤原道長《みちなが》の時代に代表される摂関期の文学や美術が日本の古典文化といえるだろうと論じたことがあるが、詳しくは別稿に譲りたい。

しかしいずれにせよ、律令制が発展していくなかで、古典的と呼びうるような安定したレジームの成立をもたらし、それが日本の歴史の枠組みになったということを吉田氏は明瞭にしたのである。

●——井真成の墓誌銘（部分）

「姓井字真成国号日本」

▼井真成の墓誌　二〇〇四年、中国西安（旧、長安《ちょうあん》）で開元二十二年（七三四）の日本人留学生「井真成」の墓誌が発見された。墓誌には、三六歳で病死し、玄宗《げんそう》皇帝から官職を贈られたことが記されている。井真成は、吉備真備《きびのまきび》らと同じ七一七（養老元）年、一九歳で入唐《にっとう》したと考えられる。また「国は日本と号す」とあり、唐が当時「日本」を国号として認めていたことがわかる。

「日本」国号とその内実

吉田孝氏の古典的国制の議論は、「日本」と意識される枠組みとその内部での均一性の形成を考えたということができる。

「日本」という国号は、七世紀末から八世紀初頭、おそらく大宝律令によって定められたと考えられる。律令国家の国号《こくごう》が日本であったことは『日本書紀《にほんしょき》』や井真成《せいしんせい》の墓誌《ぼし》▲から明らかであるが、これは七〇二（大宝二）年に遣唐使《けんとうし》が唐に対して宣言している。『続日本紀《しょくにほんぎ》』慶雲《けいうん》元年（七〇四）七月条にこの大宝の遣唐使の大使粟田真人《あわたのまひと》の帰朝報告が載せられている。

人有り、来たり問いて曰《いわ》く、「何処の使人ぞ」。答えて曰く「日本国の使《つかい》なり」……。問答略《ほ》ぼ了《おわ》りて、唐の人我が使に謂《い》いて曰く、「海東に大倭国《だいわこく》有り、これを君子《くんし》国と謂う。人民豊楽にして礼儀敦《あつ》く行なわると。今使人を看《み》るに、儀容はなはだ浄《きよ》し。あに信《まこと》ならずや」と。語畢《ことおわ》りて去りき。

約三〇年の空白をおいて派遣された大宝の遣唐使は、「日本」という国名を称した。到着した楚州塩城県《そしゅうえんじょうけん》の官人は、これまでの倭国の使者であることはわかったが、倭と日本との関係についての説明は理解できなかったらしい。『旧《く》唐書《とうじょ》▲』には倭国伝と日本伝の二つがおかれ、七〇三(長安《ちょうあん》三)年、この粟田真人の朝貢《ちょうこう》以降の記事が日本伝には載せられている。

「日本」の意味▲は、太陽ののぼるところ、極東の意味で、「日下」「日東」などと同じく普通名詞であったらしい。その「日本」をあらたに国号として、従来の倭国を改めたのは、七世紀後半の緊迫した東アジア情勢、戦闘にまでいたった倭唐関係を清算し、あらたな平和的・安定的な関係を構築したいということなのだろう。「日本」が唐からみた国号としてふさわしいことからも、唐を中心とする世界のなかに位置づけたのである。しかし国号の変更は、宣言すればよいのではなく、唐の皇帝に承認してもらう必要があり、それが大宝の遣唐使の大きな任務だったらしい。七三六(開元《かいげん》二十四)年につくられた『史記正義《しきせいぎ》▲』にはこのときの皇帝則天武后《そくてんぶこう》が倭国を改めて日本国にしたという記事がみえていて、さきの『旧唐書』日本伝からも、このときに日本国号は認めてもらったのだろう(ただし変更する理由についてははぐらかしたようである)。

結果としてかもしれないが、この「日本」国号は、その後変更されることなく、今日にいたったのである。八世紀に国際的に位置づけられた「日本」がその後の

▼**『旧唐書』** 唐王朝の歴史を記した正史《せいし》。後晋《こうしん》・劉昫《りゅうく》ら編、九四五(開運《かいうん》二)年成立。本紀《ほんぎ》二〇巻、志《し》三〇巻、列伝《れつでん》一五〇巻の計二〇〇巻。唐後半以降の部分に混乱や不統一があり、北宋《ほくそう》になってから『新《しん》唐書』が編纂される原因となった。中華書局標点本が有用。

▼**「日本」の意味** 二〇一一年、西安で出土した儀鳳《ぎほう》三年(六七八)没の百済《くだら》人祢軍《でいぐん》の墓誌に、「日本の余噍《よしょう》(残党)」とみえる。日本国号の成立が七世紀にさかのぼるようにもみえるが、この「日本」は百済遺民をさすと理解すべきで、「日本」は元来極東、東方の意味であった。

▼**『史記正義』** 唐・張守節《ちょうしゅせつ》撰の『史記』の注釈書。三〇巻または二〇巻、七三六(開元二十四)年完成。地理説に詳しい特色がある。南《なん》朝宋《ちょうそう》・裴駰《はいいん》の『史記集解《しっかい》』、唐・司馬貞《しばてい》の『史記索隠《さくいん》』とあわせて三《さん》家注《かちゅう》として伝わる。

列島の歴史を規定する枠組みとなる。それは律令国家および天皇の体制が「日本」として続いたということである。ただし八世紀から九世紀への律令制の展開のなかで、天皇制の構造、「日本」のあり方は変わり、かたまった日本の内実が「古典的国制」ということになるのだろう。

著名な中世史家の網野善彦《あみのよしひこ》▲は、晩年に繰り返し「日本論」の再検討を主張した。日本が単一民族国家で均一な農業社会の島国であり、「百姓《ひゃくしょう》」は農民をさすというこれまでの常識が虚像であると厳しく指弾し、東日本・西日本をはじめ列島の各地域には多様で豊かな社会と産業が発達し、北方・南方とアジアとの国境を越えた交流が盛んに行なわれたことを明らかにした。そしてこの虚像は、古代に、律令国家の成立とともに天皇号・日本国号が定められたことにより生じたと論じたのである。

たしかにこうした批判にはもっともなところもあるが、一方で多様性を強調すれば日本の歴史が相対化できるかといえば、古代史研究者としては違和感がある。むしろ、どうしてそうした均一なイメージができたかが問題であり、吉田氏の古典的国制論は網野説への反論という意味もある。

▼網野善彦　一九二八〜二〇〇四。名古屋大学助教授・神奈川大学教授を歴任した日本中世史家。荘園《しょうえん》制研究に始まり、中世天皇制の検討を深め、『無縁《むえん》・公界《くがい》・楽《らく》』で中世社会史ブームを巻き起こした。『網野善彦著作集』全一八巻がある。

律令国家が成立して同時に均一な「日本」ができたのではなく、実際には九世紀からさらに十世紀にいたって「日本」の内実はできていったのだろうが、その際に、たしかに網野氏がいうように、律令国家の成立は決定的な役割をもったのだろう。

条里制《じょうりせい》を施行し、すべての公民に熟田《じゅくでん》を班給《はんきゅう》するという体制は、実際に調《みつき》をおさめるのが堅魚《かつお》や鰒《あわび》であり、塩やワカメであっても、彼らを農民として把握することであり、「公民」「百姓」が農民だとするイメージは拡大したのだろう。均一な農業社会をめざし、豊かな稔りをめざすのは、日本だけでなく、中国においても律令制が本来含んでいる本質かもしれない。

丸山裕美子「唐と日本の年中行事」『日本古代の医療制度』名著刊行会, 1998年
宮崎市定「日本の官位令と唐の官品令」『東方学』18, 1959年, のちに『宮崎市定全集22　日中交渉』岩波書店, 1992年
吉川真司「奈良時代の宣」『律令官僚制の研究』塙書房, 1998年
吉田孝『律令国家と古代の社会』岩波書店, 1983年
吉田孝『大系日本の歴史３　古代国家の歩み』小学館, 1988年, 小学館ライブラリー, 1992年
吉田孝『日本の誕生』岩波新書, 1997年
吉村武彦『日本古代の社会と国家』岩波書店, 1996年
渡辺晃宏『日本の歴史04　平城京と木簡の世紀』講談社, 2001年, 講談社学術文庫, 2009年

●―写真所蔵・提供者一覧(敬称略, 五十音順)

宮内庁　　p. 67下
宮内庁正倉院事務所　　p. 29, 66, 71, 76
國學院大學神道資料館　　p. 39
国立国会図書館　　カバー表
中宮寺・奈良国立博物館　　カバー裏
『天一閣蔵明鈔本天聖令校証　附唐令復原研究』　　扉
徳島県立埋蔵文化財総合センター　　p. 22
栃木県教育委員会　　p. 72
奈良文化財研究所　　p. 7, 35
William Sturgis Bigelow Collection, by exchange 32. 131. 3／Photograph © 2012 Museum of Fine Arts, Boston. All rights reserved. c/o DNPartcom　　p. 60
『遣唐使と唐の美術』展示図録　　p. 88
著者撮影　　p. 77

井上光貞『日本古代思想史の研究』岩波書店, 1982年
井上光貞『日本古代の王権と祭祀』東京大学出版会, 1984年
今泉隆雄『古代宮都の研究』吉川弘文館, 1993年
大隅清陽『律令官制と礼秩序の研究』吉川弘文館, 2011年
大平聡「奈良時代の詔書と宣命」土田直鎮先生還暦記念会編『奈良平安時代史論集』上, 吉川弘文館, 1984年
大山誠一『古代国家と大化改新』吉川弘文館, 1988年
狩野久「庸米付札について」『日本古代の国家と都城』東京大学出版会, 1990年
川尻秋生「平安時代における格の特質」『日本古代の格と資財帳』吉川弘文館, 2003年
小林敏男『古代天皇制の基礎的研究』校倉書房, 1994年
財団法人大阪市文化財協会『難波宮址の研究』11, 2000年
坂上康俊「日・唐律令官制の特質」土田直鎮先生還暦記念会編『奈良平安時代史論集』上, 吉川弘文館, 1984年
坂本太郎『日本古代史の基礎的研究』下, 東京大学出版会, 1964年
佐藤全敏「古代日本の四等官制」『平安時代の天皇と官僚制』東京大学出版会, 1998年
杉本一樹『日本史リブレット74　正倉院宝物の世界』山川出版社, 2010年
関晃「律令貴族論」『岩波講座　日本歴史』3, 岩波書店, 1976年
関晃『日本古代の国家と社会〈関晃著作集４〉』吉川弘文館, 1997年
瀧川政次郎「革命思想と長岡遷都」『京都並びに都城制の研究』角川書店, 1967年
武田佐知子『衣服で読み直す日本史』朝日選書, 1998年
戸崎哲彦「古代中国の君主号と『尊号』」『彦根論叢』269, 1991年
虎尾達哉「律令官人社会における二つの秩序」『律令官人社会の研究』塙書房, 2006年
西本昌弘『日本古代儀礼成立史の研究』塙書房, 1997年
橋本義彦『日本古代の儀礼と典籍』青史出版, 1999年
早川庄八『日本古代官僚制の研究』岩波書店, 1986年
早川庄八『天皇と古代国家』講談社学術文庫, 2000年
春名宏昭「律令官制の内部構造」『律令国家官制の研究』吉川弘文館, 1997年
堀敏一『東アジアのなかの古代日本』研文出版, 1998年

●━参考文献

大津透『律令国家支配構造の研究』岩波書店, 1993年

大津透『古代の天皇制』岩波書店, 1999年

水林彪・大津透・新田一郎・大藤修編『新体系日本史２　法社会史』山川出版社, 2001年

大津透『日唐律令制の財政構造』岩波書店, 2006年

大津透『日本古代史を学ぶ』岩波書店, 2009年

大津透「吐魯番文書と律令制」土肥義和編『敦煌・吐魯番出土漢文文書の新研究』東洋文庫, 2009年

大津透『天皇の歴史01　神話から歴史へ』講談社, 2010年

大津透編『律令制研究入門』名著刊行会, 2011年

大津透「古代日本律令制の特質」『思想』1067号, 2013年３月号

なお律令の条文番号・条文名は, 井上光貞・関晃・土田直鎮・青木和夫編『日本思想大系３　律令』岩波書店, 1976年, による。

唐令については, 仁井田陞『唐令拾遺』東方文化学院, 1933年, 東京大学出版会復刊, 1964年, および仁井田陞著・池田温編集代表『唐令拾遺補』東京大学出版会, 1997年, による。天聖令は, 天一閣博物館・中国社会科学院歴史研究所天聖令整理課題組校証『天一閣蔵明鈔本天聖令校証　附唐令復原研究』中華書局, 2006年, による。

青木和夫『日本律令国家論攷』岩波書店, 1992年

青木和夫司会『シンポジウム日本歴史４　律令国家論』学生社, 1972年

網野善彦『日本論の視座』小学館, 1990年, 小学館ライブラリー, 1993年

網野善彦『日本の歴史00　「日本」とは何か』講談社, 2000年, 講談社学術文庫, 2008年

網野善彦『中世民衆の生業と技術』東京大学出版会, 2001年

石上英一「日本古代における調庸制の特質」『歴史学研究』1973年別冊特集号

石母田正『日本の古代国家』岩波書店, 1971年

井上光貞「律令国家群の形成」『岩波講座 世界歴史』6, 岩波書店, 1971年, のちに『井上光貞著作集５　古代の日本と東アジア』岩波書店, 1986年

日本史リブレット73

律令制《りつりょうせい》とはなにか

2013年3月5日　1版1刷　発行
2023年7月31日　1版6刷　発行

著者：大津《おおつ》 透《とおる》

発行者：野澤武史

発行所：株式会社 山川出版社

〒101−0047　東京都千代田区内神田1−13−13
電話 03(3293)8131(営業)
03(3293)8135(編集)
https://www.yamakawa.co.jp/
振替 00120-9-43993

印刷所：明和印刷株式会社

製本所：株式会社 ブロケード

装幀：菊地信義

Printed in Japan ISBN 978-4-634-54685-1

日本史リブレット　第Ⅰ期［68巻］・第Ⅱ期［33巻］　全101巻